シリーズ「遺跡を学ぶ」105

古市古墳群の解明へ

盾塚・鞍塚・珠金塚古墳

田中晋作

新泉社

古市古墳群の解明へ

―盾塚・鞍塚・珠金塚古墳―

田中晋作

【目次】

編集委員
勅使河原彰（代表）
小野　昭
小野　正敏
石川日出志
小澤　毅
佐々木憲一

装　幀　新谷雅宣
本文図版　松澤利絵

第1章　古市古墳群とは

1　古墳時代中期の大古墳群

大阪南部の大古墳群

「本機は、まもなく大阪国際空港に着陸いたします」、大阪国際空港（伊丹《いたみ》空港）へ向かう航空機内で着陸態勢に入ったことを知らせるアナウンスが流れるころ、生駒《いこま》山地と金剛《こんごう》山地の緑で縁どられた市街地のなかに、島のように点々と浮かび上がる前方後円墳を眼下にすることができる（**図1**）。日本の古墳時代を象徴する大古墳群、古市《ふるいち》古墳群である。

最近では、百舌鳥《もず》古墳群とともに世界文化遺産登録をめざす運動が広がりをみせていることもあり、以前にくらべ古市古墳群のことを見聞きする機会が増えているかもしれない。

一方で、このような巨大な前方後円墳とともに古市古墳群を構成していた数多くの中小規模古墳が、この市街地に飲み込まれ姿を消していった。本書は、高度成長期に私たちが享受した豊かさの代償として、地上から失われた盾《たて》塚《づか》・鞍塚《くらづか》・珠金塚《しゅきんづか》古墳が、三十数年の歳月をへて「よみがえった」数奇な物語の紹介である。

古市古墳群の位置

大阪府南東部、大和盆地の水を集め西流して大阪湾へ注ぐ大和《やまと》川と、金剛《こんごう》・和泉《いずみ》山系の水を集め北流してきた石《いし》川が、大阪府羽曳野《はびきの》市と柏原《かしわら》市の市境で合流する。この南西部一帯に、羽曳野丘陵から北にのびる標高二〇メートルから四〇メートル前後の段丘がひろ

図１ ● **古市古墳群の航空写真**（北東から）
盾塚・鞍塚・珠金塚古墳は、写真中央の誉田御廟山古墳前方部左端の延長線上、高速道路手前に接する場所に存在した。

がる。

古市古墳群は、河内《かわち》平野に面したこの段丘上に展開する（図2）。その範囲は、羽曳野・藤《ふじ》井寺《いでら》両市域にまたがり、東西約三キロ、南北約四キロにもおよぶ。現在、墳丘を地上にとどめている古墳と、これまでの調査によって存在が確認された古墳の総数は、一二六基に達するという。しかし、この古墳数は、あくまでも現時点で判明した数であり、今後の調査によってさらに増加していくはずである。

多様な古墳によって構成される古市古墳群

まず、説明しておかなければならないことがある。古市古墳群を構成する百数十基の古墳は、ある時期に一気に築造されたものではなく、古墳時代中期を中心に百数十年という長い歳月を費やして形成されたものであること。また、誉田御廟山《こんだごびょうやま》古墳や仲津山《なかつやま》古墳といった巨大な前方後円墳が注目されるが、実際にはその多くが中小規模古墳で占められていること。さらに、現状では前方後方墳は確認されていないが、前方後円墳・帆立貝形《ほたてがいがた》（式《しき》）古墳・円墳・方墳といった多様な古墳から構成されていることである。

古市古墳群の形成は、きわめて唐突にはじまった。突如として全長二〇〇メートルの大型前方後円墳である津堂城山《つどうしろやま》古墳が古墳群の北端に築造される。図3に示したように、津堂城山古墳にはじまる首長墳は、誉田御廟山古墳の段階で最大規模に達し、以後縮小化にむかい、後期前半を最後に築造が停止する。

図2 ● 古市古墳群の古墳分布
古市古墳群の勢力は、古墳時代中期を中心に百数十年間にわたって、百舌鳥古墳群の勢力とともに畿内政権の中枢を担った。

一方、これらの大型前方後円墳と並行して、全長一五〇メートル前後の古室山《こむろやま》古墳や野中宮《のなかみや》山《やま》古墳のような中型前方後円墳、またもっとも多くを占める小型の円墳や方墳が築造されている。

ところが、中規模古墳の多くは、誉田御廟山古墳の出現を境に、墳丘規模が一気に縮小するとともにその数が急速に減少し、逆に小規模古墳の比率が高くなっていく。これに加え、仲津山古墳が築造されたころから、特定の大型前方後円墳や中型前方後円墳の周辺に、その被葬者と生前に密接な関係をもった人びとが葬られたと考えられる陪塚《ばいちょう》が加わる。

さらに、墳丘の規模や形状と連関するように、埋葬施設も竪穴式石室《たてあなしきせきしつ》・長持形石棺《ながもちがたせっかん》という荘重なものから木棺《もっかん》を直接納めた簡便なものまで、また大量の武器を中心に豊かな副葬品をもつ古墳からわずかな副葬品しかもたないものまでと、さまざまな違いが見出される。

古墳間にみられるこのようなさまざまな違いは、古市古墳群を形成した勢力の内部序列を示

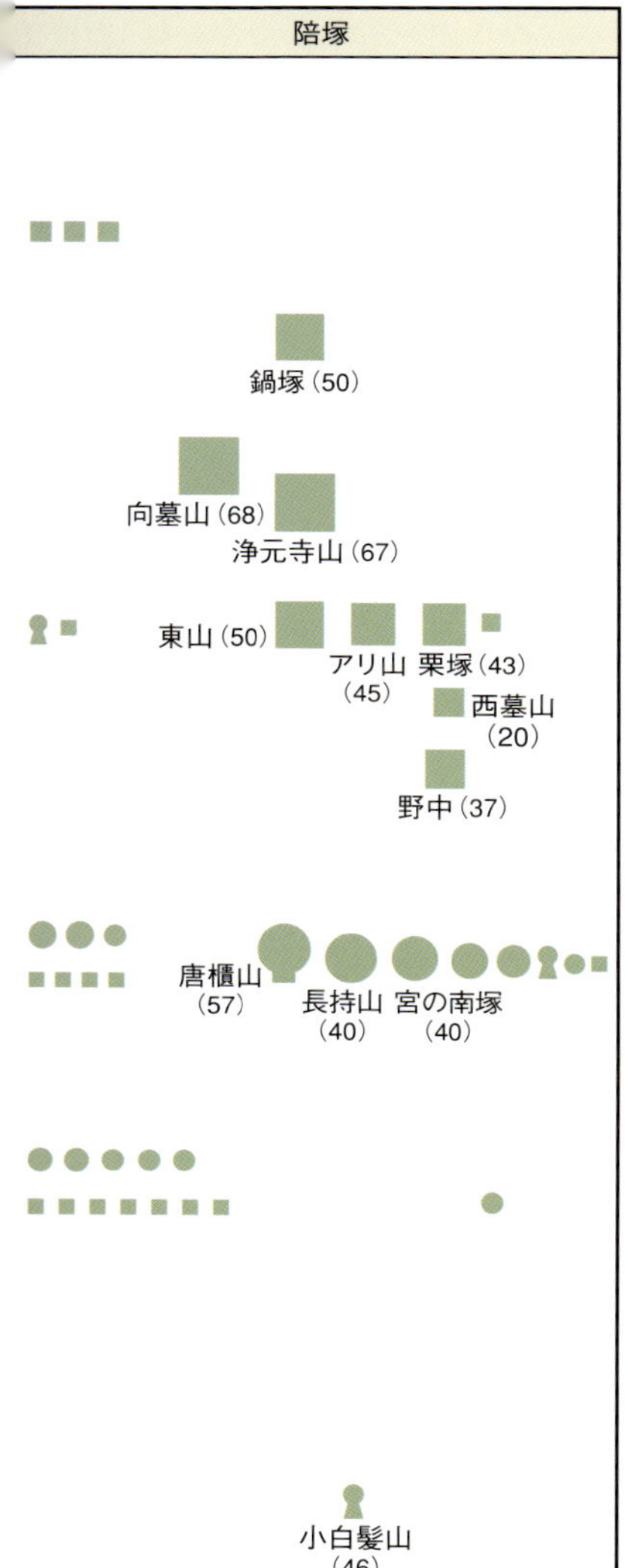

（カッコ内の数値は墳丘長〔m〕）

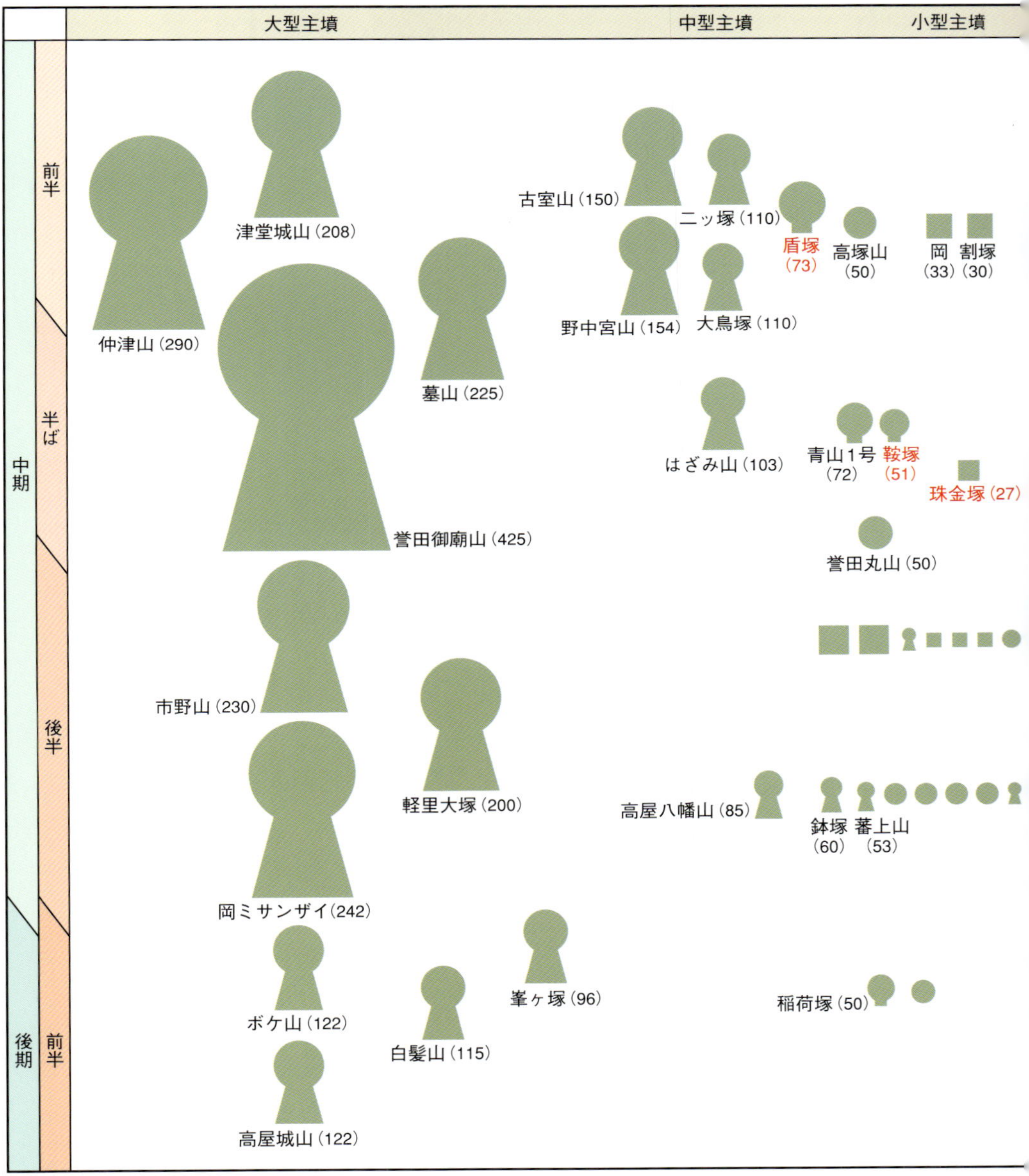

図3 ● 古市古墳群の古墳編年
古墳群の構成の変化は、古市古墳群の勢力の構造を考えるうえできわめて重要な資料となる。
ただし「中型主墳」と「小型主墳」、「小型主墳」と「陪塚」は明確に区分できない場合がある。

す一種の格差といってもよく、組織の構造、権力や富の所在、古墳の被葬者《ひそうしゃ》が勢力内で担った役割などを導き出す上できわめて有用な指標になる。つまり、古墳群自体が重要な考古学的資料になっているのである。

ところが、古市古墳群のおもな大型前方後円墳の調査が制限されている現在、本書で紹介する盾塚古墳、鞍塚古墳、珠金塚古墳など、これまで調査されてきた中小規模古墳の調査成果の分析が古市古墳群解明の大きな鍵を握ることになる。

畿内政権内での主導権の移動

のちに「畿内《きない》」とよばれるようになる地域に形成された大型古墳群は、**図4**に示したように、一定の重複期間をもちながら、時期によってその所在地が移動している。

大和盆地東南部地域に興った有力勢力は、古墳時代前期前半から半ばにかけて大和《おおやまと》古墳群や柳本《やなぎもと》古墳群を生み出した。しかし、前期後半までには大型前方後円墳の築造が停止し、これにかわって奈良市北部に新たに大型前方後円墳を含む佐紀《さき》古墳群（西群）が出現する。さらに中期には、これを超える規模をもつ古市古墳群や百舌鳥古墳群が大阪南部に展開する。このように、それぞれの時期において、もっとも大きな前方後円墳を含む大型古墳群が場所を移しながら形成されていく。

このような現象については、大和盆地東南部地域に興った有力勢力が、古墳時代をとおして政権を主導する勢力として安定した成長を遂げ、その墳墓を築造する場所を移したという考え

◀**図4●古墳時代前期から中期の畿内における大型古墳群の移り変わり**
大和盆地東南部から大和盆地北部、そして大阪南部へと移動する大型古墳群。

古墳時代前期前半～半ば
N
河内潟
木
津
川
大和・柳本古墳群
西殿塚古墳
行燈山古墳
箸墓古墳
桜井茶臼山古墳
メスリ山古墳
大
和
川
0
10km

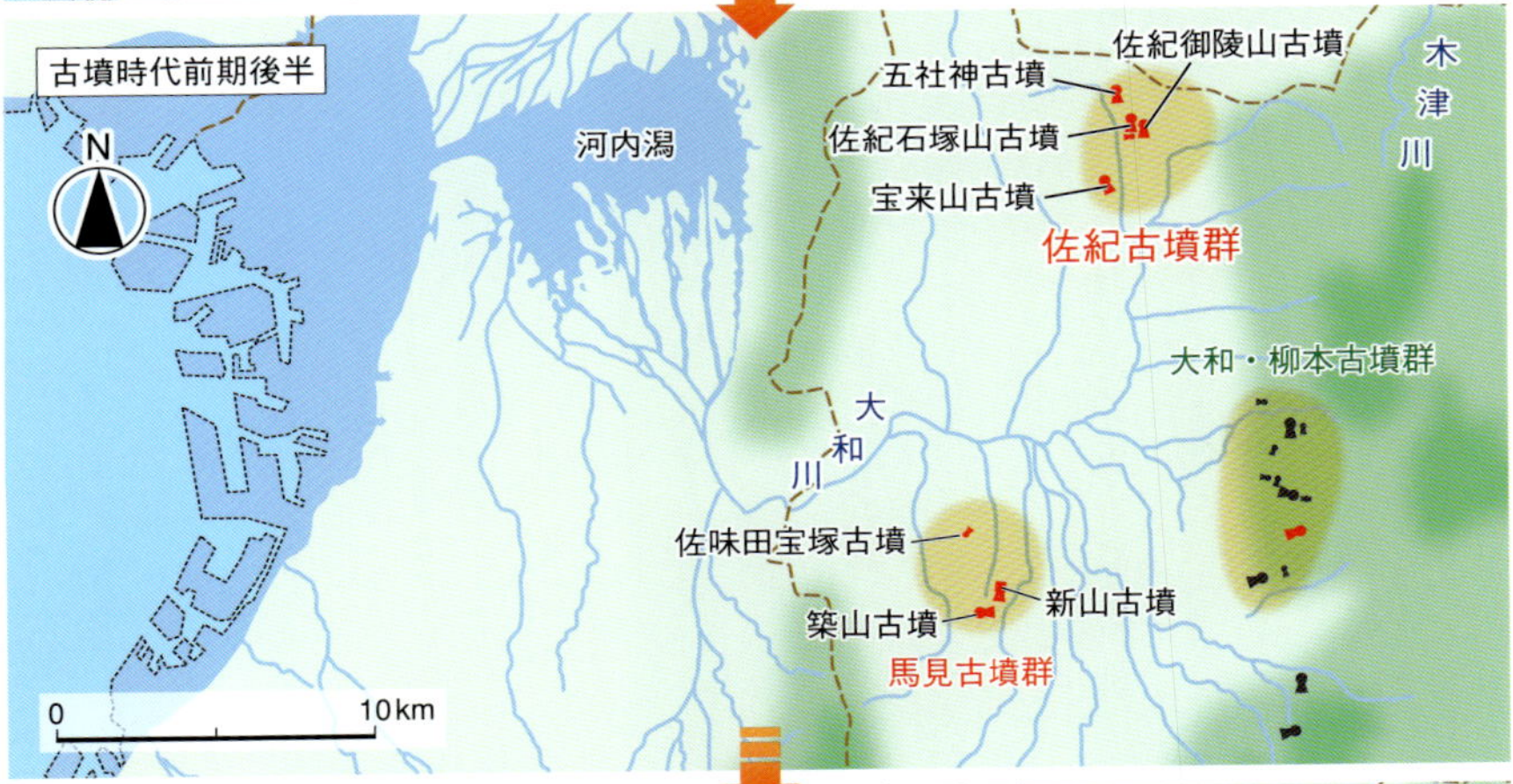
古墳時代前期後半
N
河内潟
佐紀御陵山古墳
五社神古墳
佐紀石塚山古墳
宝来山古墳
佐紀古墳群
木
津
川
大和・柳本古墳群
大
和
川
佐味田宝塚古墳
新山古墳
築山古墳
馬見古墳群
0
10km

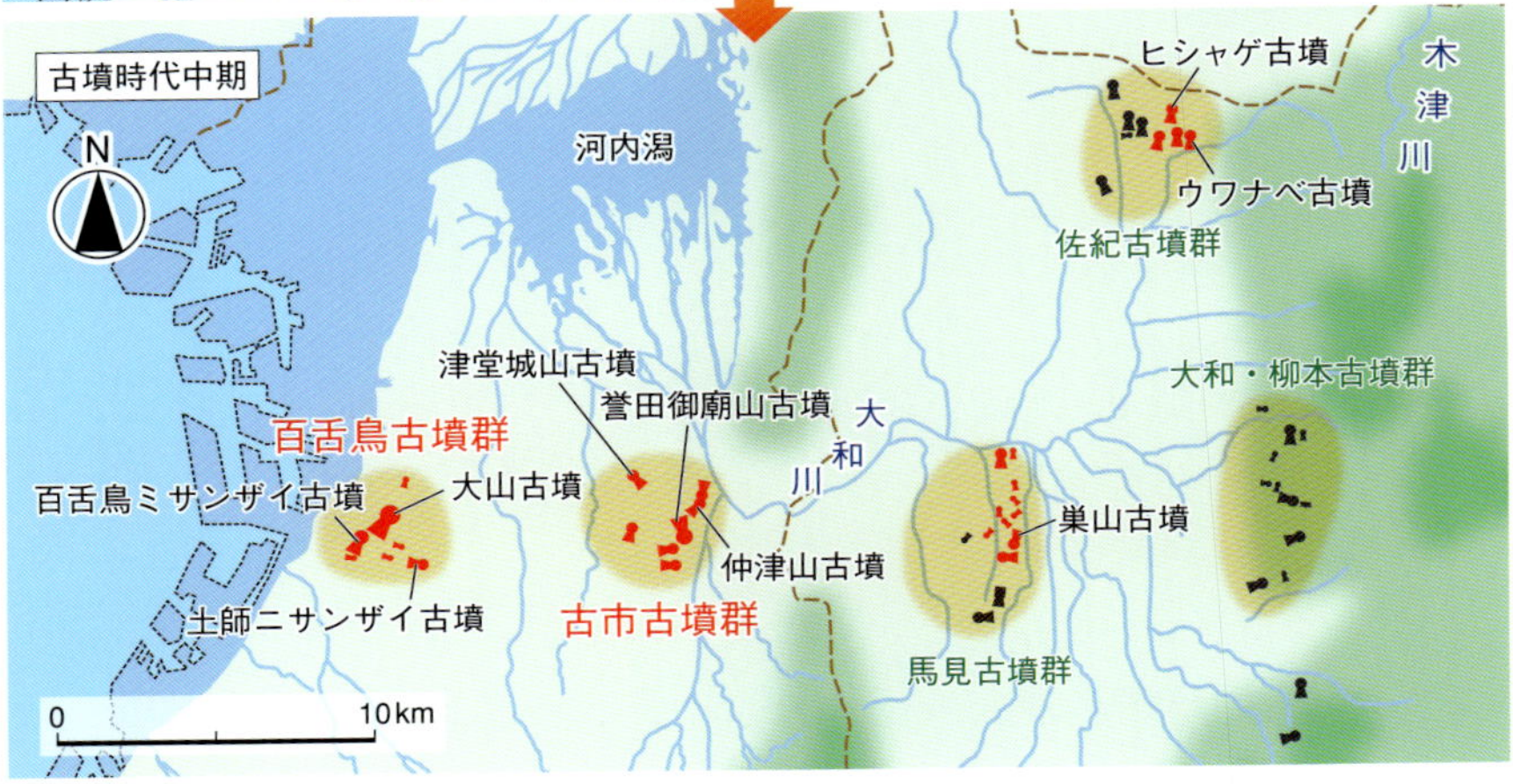
古墳時代中期
N
河内潟
ヒシャゲ古墳
木
津
川
ウワナベ古墳
佐紀古墳群
津堂城山古墳
誉田御廟山古墳
大
和
川
大和・柳本古墳群
百舌鳥古墳群
百舌鳥ミサンザイ古墳
大山古墳
巣山古墳
仲津山古墳
土師ニサンザイ古墳
古市古墳群
馬見古墳群
0
10km

と、畿内各地に所在した複数の有力勢力によって構成された政権にあって、それぞれの段階でもっとも大きな前方後円墳を生み出した勢力がその主導権を握ったとする、大きくふたつの考えがある。これから紹介していくように、私は後者の立場をとっており、畿内に存在した複数の有力勢力によって構成された政治体として、これを「畿内政権」とよんでいる。

2 盾塚・鞍塚・珠金塚古墳の発掘

盾塚・鞍塚・珠金塚古墳の由来

話は今から六〇年前、一九五五年にさかのぼる。当時、大阪府南河内郡《みなみかわちぐん》道明寺町《どうみょうじちょう》大字道明寺（現・大阪府藤井寺市道明寺六丁目）一帯で、近畿日本鉄道株式会社が住宅建設を計画し、その範囲内にあった三基の古墳が発掘調査されることになった。

調査は、関西大学考古学研究室が実施することになり（**図5**）、当時文学部教授であった故末永雅雄《すえながまさお》先生のもと、故北野耕平《きたのこうへい》氏が現地調査を担当し、勝部明生《かつべみつお》氏ら関西大学の学生が参加した。調査は同年六月一五日から一一月一〇日まで約五カ月間におよび、翌年、住宅建設に先立って三古墳はその姿を消した。

古墳の名称は、所在地の地名や通称によって命名されることが一般的である。ところが、盾塚古墳、鞍塚古墳、珠金塚古墳という名称は、後年、末永先生が「調査した三基の古墳にはそれぞれ注目すべき遺物がありそれを古墳名とした」と述べているように、三古墳それぞれから出土した注目すべき遺物である「盾《たて》」・「鞍《くら》」・「金製《きんせい》空玉《うつろだま》・金箔《きんぱく》ガラス玉（珠金《しゅきん》）」によってその名が与えられた。三古墳の発掘調査の成果が、当時いかに注目されたものであったかがうかがえる。

収蔵庫でねむっていた三十数年

しかし、このように注目すべき調査であったにもかかわらず、盾塚古墳、鞍塚古墳、珠金塚古墳の成果はその後公表されることなく、三十数年間、時代に翻弄された数奇な運命をたどることになる。

近畿日本鉄道株式会社が計画した住宅建設による発掘調査であったため、報告書作成にむけた作業は、同社が奈良市学園前の閑静な住宅地に開設した大和文華館《やまとぶんかかん》ではじまり、その後関西大学考古学研究室に場所を移して継続された。発掘調査終了後時をおかず、報告書刊行にむけ

図5● 盾塚古墳の発掘風景
三古墳ともに埋葬施設が破壊や盗掘にあうことなく、
1600年の時をへてその姿を現代によみがえらせた。

た準備が末永先生を中心に着々と進められていた。

ところが、この作業を中断せざるをえない事態が生じた。一九六〇年代末年、東大紛争に端を発し、またたく間に全国各地の大学に波及した学園紛争である。この事態に危機感を募らせた末永先生は、資料を関西大学図書館陳列室から地下保管庫に、さらに、当時勝部氏が勤務していた大阪市立博物館へと移しその保存を図った。時は移り、いつのころからか、関西大学考古学研究室の収蔵庫に一メートル四方はあろうかという、盾塚、鞍塚、珠金塚と墨筆された、杉の厚板で作られた頑丈な木箱がいくつもおかれていた。後に、それが末永先生の筆になることを知るのであるが、平静をとりもどした大学へ返還されてきた盾塚古墳、鞍塚古墳、珠金塚古墳の出土資料であり、これが私たちとの出会いになった。

報告書作成に参加

当時、大学院の一回生になっていた私は、奈良県立橿原《かしはら》考古学研究所附属博物館で約五年間にわたってお手伝いしてきた奈良県新沢千塚《にいざわせんづか》古墳群の整理作業をほぼ終えたところであった。新沢千塚古墳群は、大和盆地では異例ともいえる多数の甲冑《かっちゅう》が出土した古墳群としても知られていた。この整理作業に携わるかたわら、にわか勉強で、古墳時代中期の甲冑が古市古墳群と百舌鳥古墳群の勢力によって製作されたと考えられていること、にもかかわらず両古墳群で実施された多くの調査が未報告のままで、その詳細が明らかになっていないことを知った。

そのころ末永先生は、ご自身がかかわってきた調査で、未報告のままになっていた報告書の刊行を急いでおり、盾塚・鞍塚・珠金塚古墳については、調査に参加した勝部氏が担当することになっていた。

「盾塚・鞍塚・珠金塚古墳の副葬品によって、古市古墳群の前半期の様相を明らかにすることができる」、そう考えた私は、みずからの浅学を顧みず、三古墳の報告書作成作業への参加を願い出た。このことがいかに無謀なことであるかなど、その時は考えもしなかった。ただ思いだけが走り出していた。

当時、考古学研究室に集まった学生に声をかけ、にわか仕立ての組織をつくり、整理作業に着手した。三古墳の報告書作成作業は、このような経緯で再開されることになったのである。

報告書刊行にむけた作業は遅々とした歩みではあったが、勝部氏の尽力により一九九一年、三古墳の報告書『盾塚　鞍塚　珠金塚古墳』（由良《ゆら》大和古代文化研究協会）が刊行された。ただ、末永先生が刊行を目前にして逝去されたことは、作業参加者にとって悔恨の極みであった。

さらに、一九八七年から九五年にかけて大阪府教育委員会が府営住宅の建て替えにともない実施した盾塚古墳と鞍塚古墳の墳丘《ふんきゅう》痕跡調査によって、一九五五年の発掘調査では明らかにできなかった新たな知見が得られた。

次章では、この調査の成果も加えて、盾塚・鞍塚・珠金塚古墳の内容をみていこう。

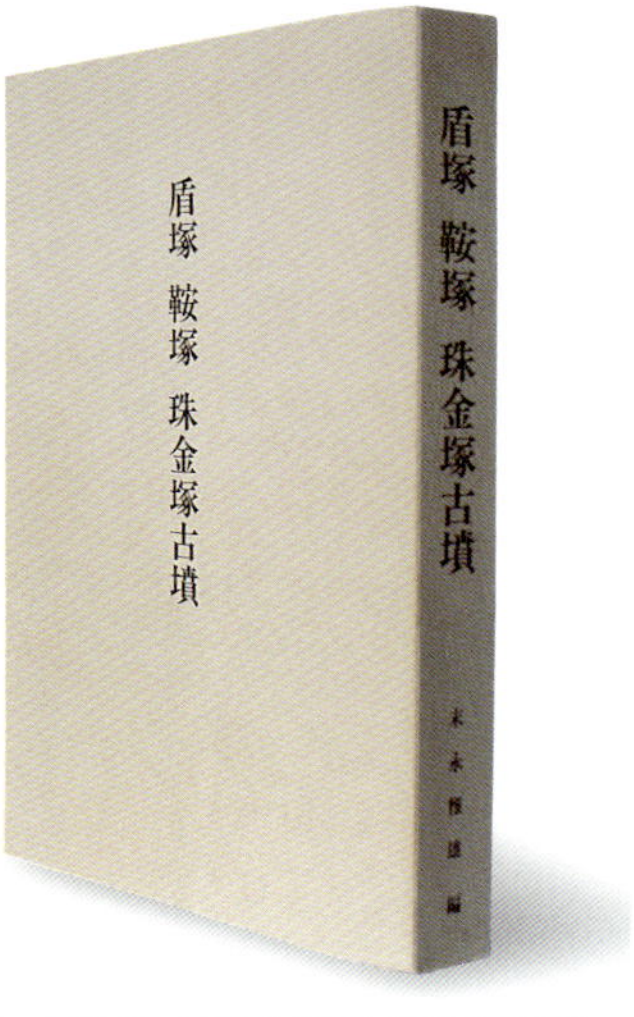

図６● 報告書『盾塚 鞍塚 珠金塚古墳』

第2章　副葬品の特徴は武器

1　墳丘と埋葬施設

三古墳の位置

盾塚《たてづか》古墳は、誉田御廟山《こんだごびょうやま》古墳の北東約一五〇メートルにあった。その北側約二〇メートルに鞍塚《くらづか》古墳があり、さらに西側約六〇メートルに珠金塚《しゅきんづか》古墳があった。このように三古墳は誉田御廟山古墳の前方部北東隅の一角に隣接して位置していた（図7）。大型前方後円墳である仲《なか》津山《つやま》古墳の前方部と誉田御廟山古墳の前方部の間をつなぐようにしてならぶ、全長一五〇メートルの前方後円墳古室山《こむろやま》古墳と同じく一一〇メートルの大鳥塚《おおとりづか》古墳の東側にあたる（図2参照）。

三古墳は、時期は異なるが、誉田御廟山古墳と仲津山古墳の間の限られた空間に近接して築造されていたことから、古市古墳群のなかにあっても相互になんらかの関係をもった人びとが被葬者であった可能性が考えられた。

また、その後に実施された盾塚古墳と鞍塚古墳の墳丘の痕跡調査によって、両古墳はほとんど接するように築造されていたことが明らかになった。さらに、近年の誉田御廟山古墳周辺の調査によって、その前方部北側、ほぼ中央に位置する誉田《こんだ》丸山《まるやま》古墳と珠金塚古墳の間に、新たに径二八メートルの円墳、狼塚《おおかみづか》古墳と、一辺三〇メートルの方墳、珠金塚西《しゅきんづかにし》古墳が存在していたことがわかった。

墳丘および外部施設

三古墳それぞれの墳丘の規模と形状は、盾塚古墳が全長

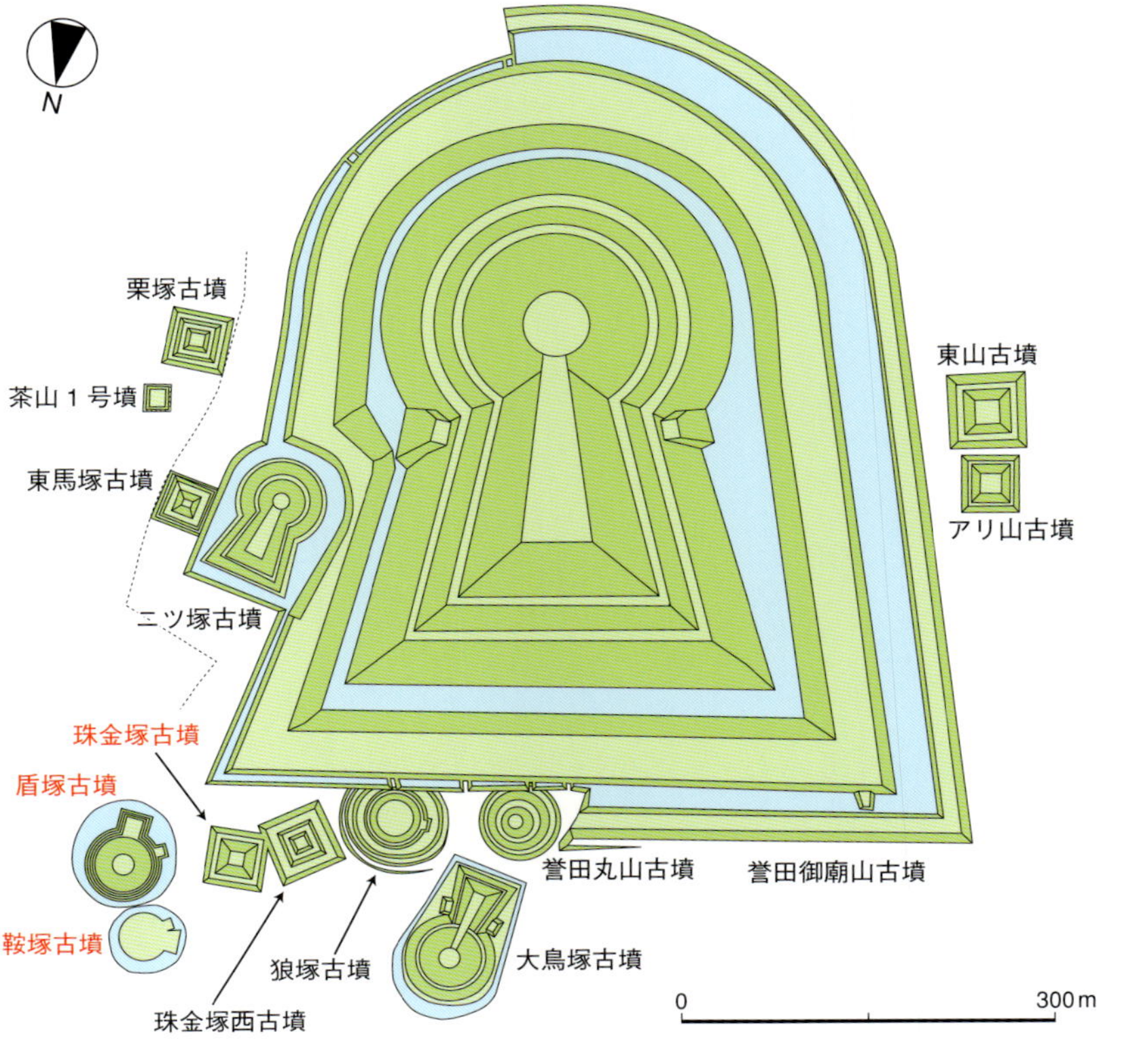

図７● 盾塚・鞍塚・珠金塚古墳の位置
大型前方後円墳の誉田御廟山古墳に近接して、多くの中小規模古墳が築造されていた。

六四メートル、高さ六・五メートルの帆立貝形《ほたてがいがた》古墳、鞍塚古墳が径約四〇メートル、高さ五メートルの円墳、珠金塚古墳が一辺二五〜二七メートル、高さ四メートルの方墳であった。

一九五五年の発掘調査では、当時多くの古墳調査がそうであったように、主眼は埋葬施設にあり、葺石《ふきいし》や埴輪《はにわ》列《れつ》の存在は確認されたものの、墳丘については詳細な調査がおこなわれておらず、周濠《しゅうごう》を含めた全容を明らかにするまでにはいたらなかった。

その後、大阪府教育委員会の調査によって、盾塚古墳は全長七三メートルの帆立貝形古墳、鞍塚古墳は円墳ではなく全長五一メートルの帆立貝形古墳であることが判明し、両古墳とも墳丘規模がひとまわり大きなものであったことが明らかになった。また、両古墳とも卵形のような楕円形の周濠をめぐらせていたことも確認された。この点については、本章「5　再発掘された盾塚・鞍塚古墳」で詳しくふれることにしよう。

類似した埋葬施設

発掘調査によって明らかになった三古墳の埋葬施設は、つぎのようになっている。

盾塚古墳では、後円部に長さ六・五メートルと推定される割竹形木棺《わりたけがたもっかん》を粘土で被覆した長さ七・八メートルの粘土槨《ねんどかく》が、墳丘の主軸に直交するようにほぼ東西方向に設けられていた（図8・11）。

珠金塚古墳では、〇・五メートルの間隔をおいて、東西方向に主軸をとる並列した南槨《なんかく》と北《ほっ》槨《かく》というふたつの埋葬施設がみつかった（図10・17）。それぞれ長さ五・一メートルの割竹形木

図 9 ● 鞍塚古墳の埋葬施設（西から）
両側部を槨状に掘り残した、粘土槨を意識した埋葬施設。

図 8 ● 盾塚古墳の埋葬施設（東から）
写真手前、刀剣の間に遺骸が置かれていた。

図 10 ● 珠金塚古墳の埋葬施設（東から）
南北に並列して設けられた2つの粘土槨。

棺と、長さ三・八メートルの箱形木棺《はこがたもっかん》（鎹《かすがい》を使用）を粘土で被覆した粘土槨で、南槨には排水施設が設けられていた。

鞍塚古墳は、主軸をほぼ東西方向にした、長さ四・七メートル、幅〇・五メートルと推定される箱形木棺を粘土で被覆せずに直接埋葬したものであった（図9・15）。ただ、この埋葬施設は両端に粘土の塊を置き、両側部は砂礫《されき》混じりの固い地山《じやま》を槨状に掘り残してその中に木棺を納めるという、たぶんに粘土槨を意識した、この種の埋葬施設としては特異な構造をもっていた。

このように三古墳は、墳丘の規模や形状に違いがあるとはいえ、いずれも東西方向に棺を置いた、粘土槨もしくは粘土槨を意識した埋葬施設をもつ古墳であった。

さらに、盾塚古墳では前方部にも施設が存在した。これは、発掘調査が終了した翌年、造成工事で墳丘が削平された際に発見されたものである。現場に立ち会った北野氏は、『河内野中《かわちのなか》古墳の研究』のなかで「前方部にも刀剣《とうけん》・斧《おの》・鍬《くわ》などの鉄製副葬品を一括した施設が存在した」と記しているだけで、その詳細については不明である。

2　盾塚古墳の副葬品

古墳名になった盾

盾塚古墳では、後円部に設けられた粘土槨の棺内外から多くの副葬品が出土した。

棺外の副葬品は、古墳名の由来となった盾と刀剣である（図11）。

盾は、漆膜《うるしまく》の色によって赤盾《あかたて》と黒盾《くろたて》の二種類があり、粘土槨の上面全体を覆うように置かれていた。盾の配列は、粘土槨中央上面に一点（11号：黒）、粘土槨の東西両端に槨と直交するようにそれぞれ一点（1号：赤／10号：赤）、そして粘土槨南側に四点（2号：赤／4号：赤／6号：黒／8号：赤）、同北側に四点（3号：赤／5号：黒／7号：赤／9号：赤）となっている。

もっとも遺存状況がよかった9号盾（赤盾）は、復元推定によると、長さ一三二センチ、中央部幅四三センチ、上端部幅および下端部幅はそれぞれ四二センチ、五六センチのものである。盾表面の中央部の文様は明らかではないが、**図11**に示したように、周囲に鋸歯文《きょしもん》を配している。また、本盾は赤盾とされているが、鋸歯文は赤・黒交互に彩色され、両側の鋸歯文は大小の三角形が外側を赤とした場合内側を黒とし、隣接する鋸歯文の配色が交互に逆になっていたという。

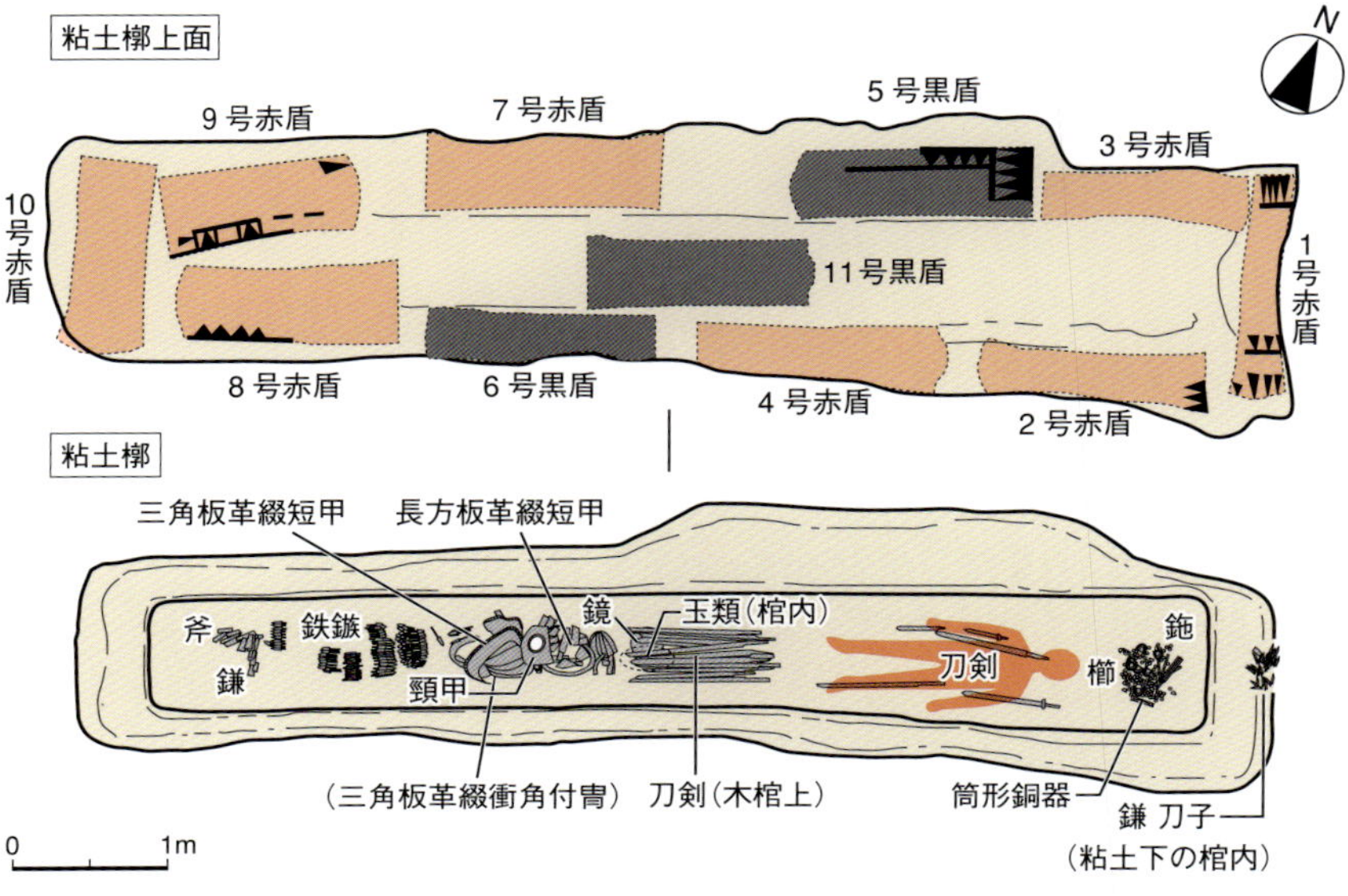

図11 ● 盾塚古墳の副葬品出土状況
粘土槨の上面を11点という多数の赤盾、黒盾で覆う特異な状態がみられた。

棺内の副葬品と重なるように刀一〇点と剣三点が出土したが、これらは木棺の直上に置かれていたものが、木棺の腐朽によって落ち込んだものである（図12）。

多彩な棺内の副葬品

朱痕《しゅこん》をとどめていた後円部の粘土槨内から、七群に分かれて副葬品が出土した（図11下）。これらの副葬品の配置状況を東からみていくと、以下のようになる。

1　棺東端に農工具＝刀子《とうす》（一六点）・蕨手刀子《わらびて》（九点）・鉇《やりがんな》（三点）・手鎌《てがま》（一〇点）
2　農工具から八〇センチ西側で、櫛《くし》（六〇点）・銅鈴《どうれい》（一点）・筒形銅器《つつがたどうき》（一点）・鉇（一一点）・鑷子状鉄器《じょうしじょうてっき》（一点）
3　棺の中央やや東寄りで、棺南側に刀（一点）と剣（一点）、北側に剣（三点）
4　棺の中央で、鏡（一点）・玉類・石釧《いしくしろ》（一点）・鑷子状鉄器（一点、図18）・櫛
5　棺の中央やや西寄りで、三角板革綴衝角付冑《さんかくいたかわとじしょうかくつきかぶと》（一点）・長方板革綴短甲《ちょうほういたかわとじたんこう》（一点）・三角板革綴短甲（一点）・頸甲《あかべよろい》（一点）・肩甲《かたよろい》（一点）・頬当《ほおあて》（二点、コラム1参照）・三尾鉄《さんびてつ》（一点）・鉄鏃《てつぞく》（一群）（図12）
6　甲冑の西側で鉄鏃（五群）
7　鉄鏃の西側で農工具＝鎌《かま》（一〇点）・斧（一〇点）

遺骸は、棺の幅が東側が広いことから頭位《とうい》を東にとり、伸展《しんてん》されて東よりに安置されていたと推定できる。副葬品は、頭部上方に櫛や筒形銅器、遺骸の両側に刀剣、足下に鏡と散在した

玉類、その西側に甲冑と鉄鏃、そして棺の東西両端に農工具、さらに棺上に刀剣、槨上に盾という配置状況が復元できる。

副葬品は、前期以来の鏡・玉・武器・農工具というきわめて整った構成になっている。そのなかにあって、盾塚古墳が前期の副葬品の構成と一線を画するものが、付属具を備えた甲冑と多量の刀剣や鉄鏃である。また、前期にみられる石釧が残り、盾塚古墳が古市古墳群でもきわめて早い段階、中期前半に築造された古墳である可能性が考えられた。

古墳時代中期の甲冑について

少し煩雑になるが、ここで中期の甲冑について少し説明しておこう（図13）。

「甲」は胴部をまもる鎧《よろい》、「冑」は頭部をまもる兜《かぶと》のことで、古墳時代ではこの漢字をあてている。古墳時代の甲冑の名称は、当時どのように呼ばれていたかがわからないので、甲冑を構成する「鉄板の形状」＋「鉄板の連接方法」＋「甲・冑の種類」によって分類、整理されている。

「鉄板の形状」は、三角板・長方板・横矧板《よこはぎいた》（横長の鉄板）が主体で、平行四辺形などの異形の鉄板が使用される

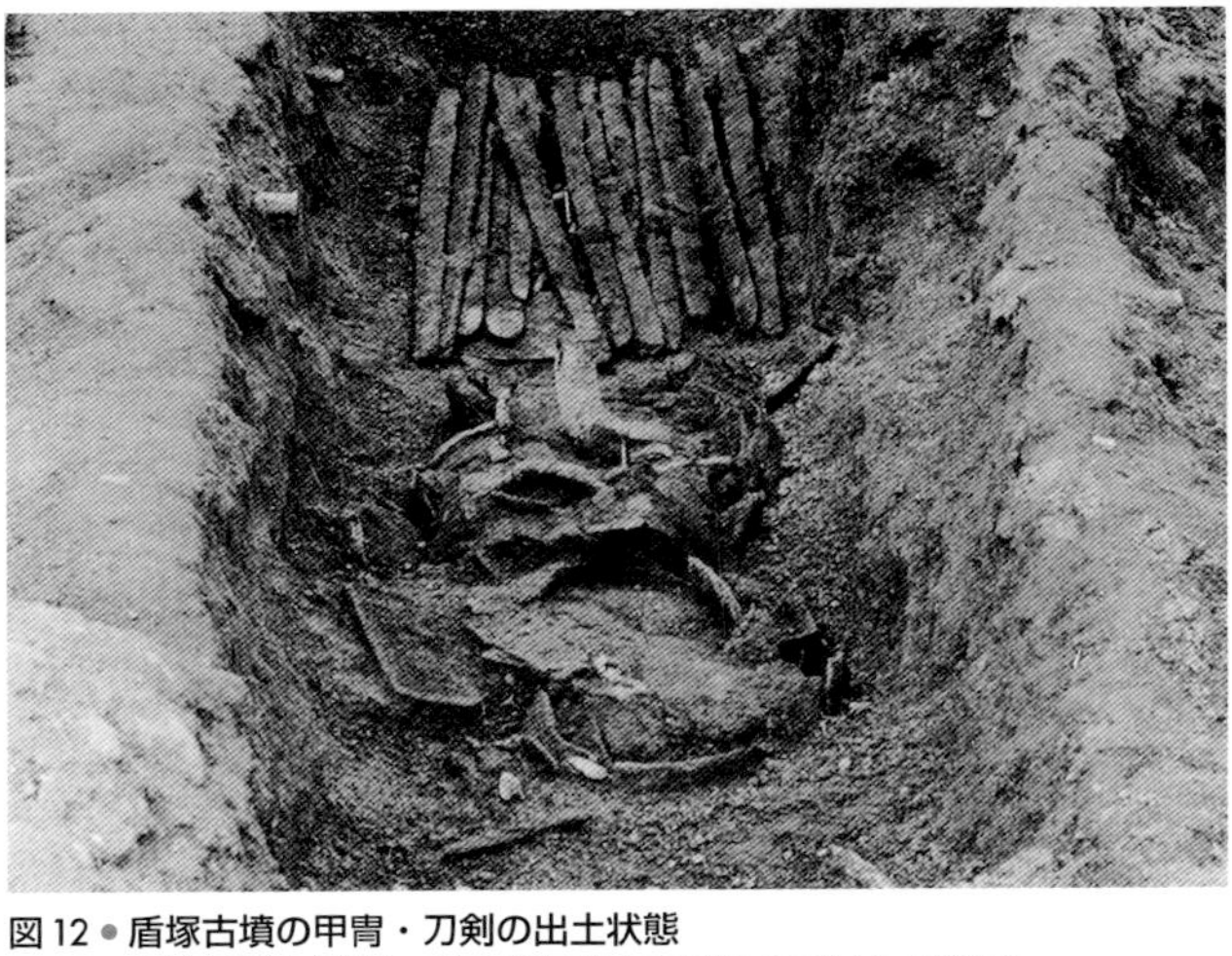

図12 ● 盾塚古墳の甲冑・刀剣の出土状態
写真手前に甲冑、その奥に棺上に置かれていた刀剣が棺の腐食によって落ち込んだ状態で出土した。

場合もある。「鉄板の連接方法」には、革紐を用いた革綴《かわとじ》と鋲《びょう》を用いた鋲留《びょうどめ》がある。「甲の種類」は、鉄板を綴じ合わせた胴部をまもる短甲、「冑の種類」は、尖った前頭部が軍船の船首に体当たり攻撃用に取り付けられていた衝角《しょうかく》と似ているところから名付けられた衝角付冑《しょうかくつきかぶと》と、半球形で前頭部にひさし状の鉄板をつけた眉庇付冑《まびさしつきかぶと》がある。また、この三古墳では出土してい

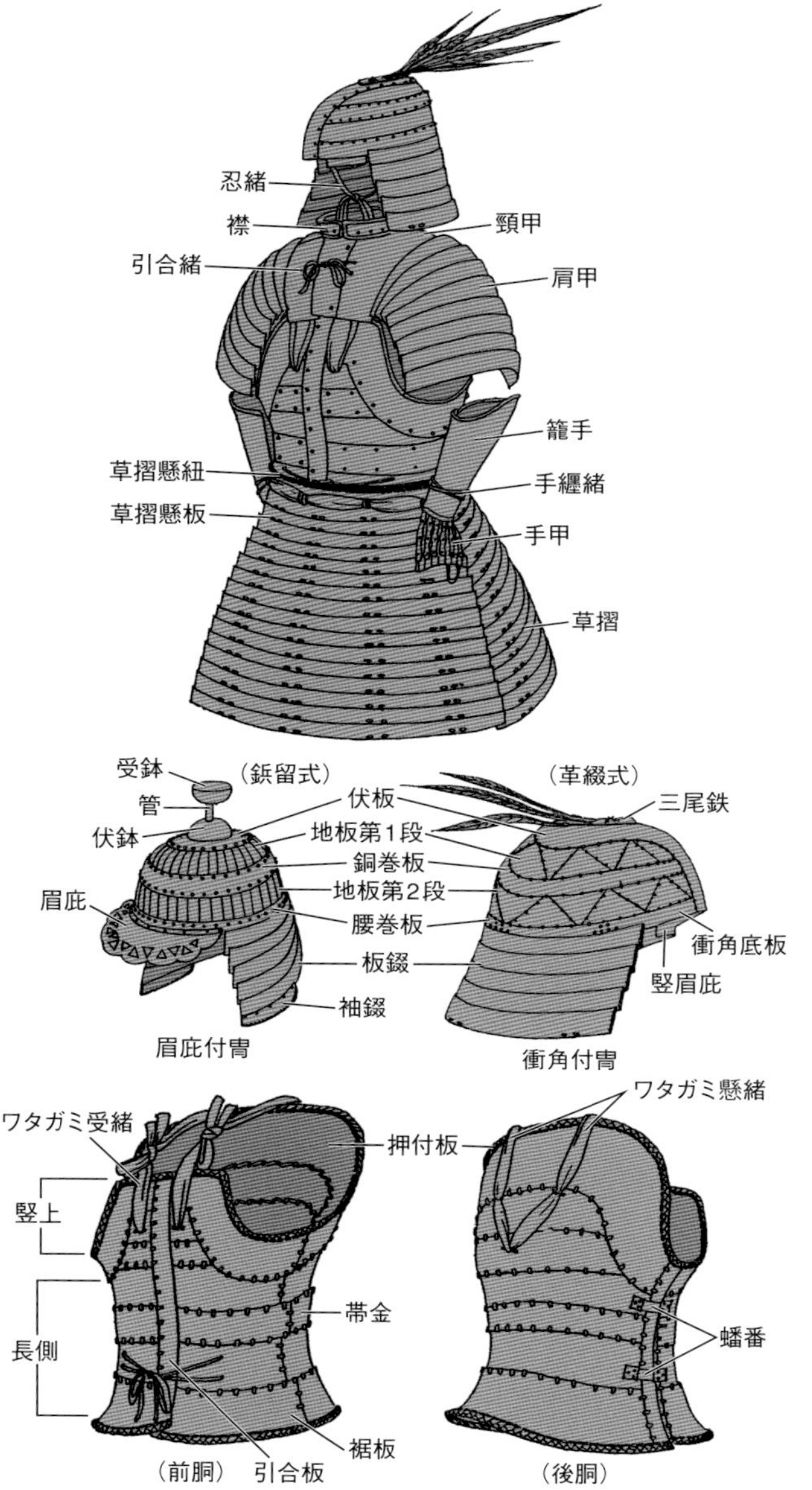

図13●古墳時代中期の鉄製甲冑の部分名称
甲冑の部分名称は末永雅雄先生による。先生は既往の名称を踏襲しながら、詳細は近世の甲冑の名称を基礎にして設定された。

ないが、中期半ばに朝鮮半島から導入された、小さな「札《さね》」状の鉄板を革紐や組紐でつづりあわせ胴部から大腿部をまもる可動性に富む挂甲《けいこう》がある。

付属具としては、冑から吊り下げて後頸部をまもる錣《しころ》、胸背部上半部をまもる頸甲、肩部から上腕部をまもる肩甲、また事例は限られているが、首・頬・脇・腕・大腿部・臑《すね》をまもる、それぞれ襟甲《えりよろい》・頬当・脇当《わきあて》・籠手《こて》・草摺《くさずり》・臑当《すねあて》などもある。

前方部施設の埋納品

前方部に設けられた施設からは、刀（四〇点）・剣（一五点）・鉾《ほこ》（六点）・鍬（方形鍬鋤先《ほうけいくわすきさき》、四点）・鎌（二点）・斧（二〇点）が出土した。その構成内容から、武器や農工具という鉄製品を中心にした埋納施設であった可能性が高い。この施設は、出土した鎌が曲刃鎌《きょくじんがま》と推定され、後述するように、後円部の埋葬施設から出土した鎌が直刃鎌《ちょくじんがま》に限られていたことから、後円部での埋葬が終了した後、時間をおいて新たに付設されたものと考えられる。

図14 ● 鉄製甲冑の復元
末永雅雄先生によって復元された甲冑。表面に黒漆を塗って仕上げられた「漆黒の甲冑」である。

盾塚古墳出土の頬当

盾塚古墳からは、三角板革綴衝角付冑とともに多くの付属具が出土しているが、そのひとつに「頬当」がある。冑に付けて頬を防御するものだ。

倭国における鉄製冑の変遷をみると、古墳時代中期はじめに衝角付冑が成立するが、それとほぼ同時期に板状の鉄板を曲げてつくる「板錣《いたしころ》」も成立し、頬当も「打延式《うちのべしき》」とよばれる板状のものが登場する（その後隔絶があって「小札式」が出現）。

盾塚古墳出土の頬当（**図1**）は、頬から顎《あご》にかけてのラインとおおむね一致するようにカーブしている。そして片側の端が二ミリほど外側に折り曲げられている。冑に後頭部から側頭部にかけて吊り下げる「板錣」にも、側端部を外側に折り曲げたものがあることから、頬当も外側に折り曲げられた端のほうが着装時に正面にくると推測できる。また、**図1**の頬当には外面にさび付いている破片があり、それが板錣の左側の破片であることが判明したことから、この頬当は少なくとも副葬時には左側に置かれたことが想定できる。

こうした検討を重ね、また副葬時に頬当、錣の装着状況を変えておらず、本来の頬当の左右の装着位置と想定すると、**図2**のような冑と付属具の装着状況が復原できる。

図1の左頬当は、長さ一三・五センチ、最大幅一〇・七センチ、厚さ三・五ミリ、重量一五九（錣片含む）グラムである。右頬当もほぼ同じである（ちなみに鞍塚古墳からも一セット出土しているが、その形状は大きく異なる）。

この「打延式頬当」、甲冑盛行期である古墳時代中期にあっても全国で三例しか確認されていないことから、あまり多く生産されなかったようだ。同時代の朝鮮半島での出土例にも注目してみると、当時朝鮮半島北部に勢力を有していた高句麗の領域内での頬当の出土はほぼ確認できない。一方、現在の韓国東部・南部の新羅や伽耶地域では、打延式と小札

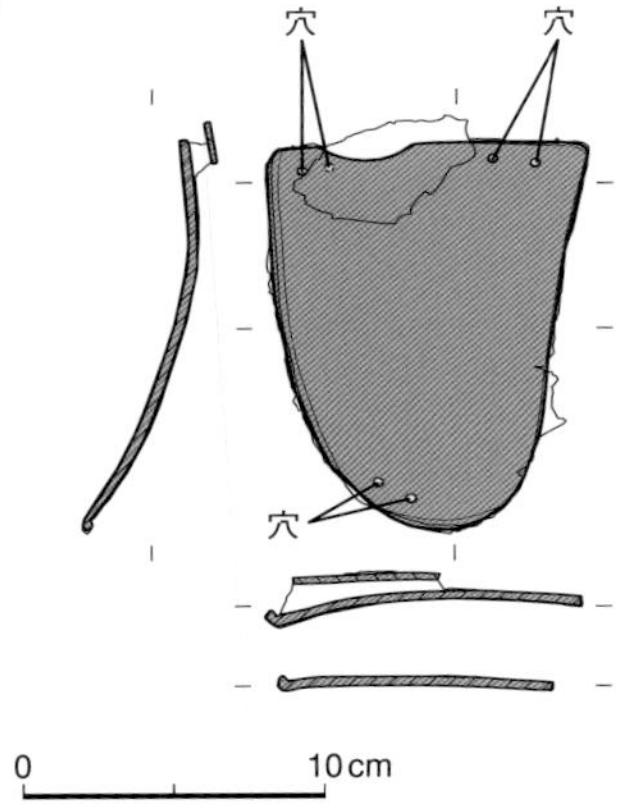

図１　盾塚古墳出土の頬当（左側）

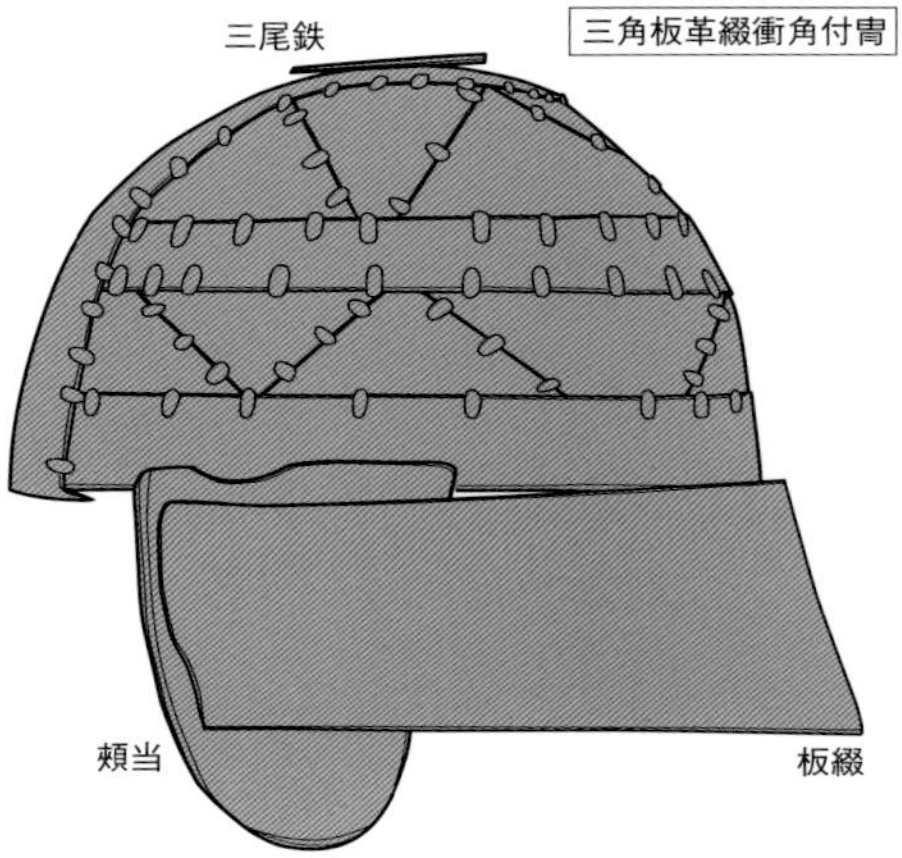

図２　盾塚古墳出土の冑と付属具
（旧報告をもとに復原、垂下方法は省略）

式の頬当がそれぞれ出土し、日本の出土量を上まわることが判明している。

朝鮮半島で出土する打延式の頬当は、前後複数枚の鉄板で構成される頬当が先行して成立し、四世紀後半に盾塚出土例のような一枚板の頬当が成立する。しかしながら、正面側の端を直線に裁断しており、さらに外側に折り曲げていないなど、盾塚出土例とは違いがある。こうした点から、盾塚出土の頬当は、朝鮮半島からの舶来品と判断するには慎重になるべきであろう。むしろ朝鮮半島の頬当の形状を理解したうえで、倭国の工人が倭国独特の形状の頬当を創出したといえる。

さて、その後、倭国の武具組成が定まってくると、打延式の頬当は製作されなくなる。武具としての機能的な視点からみれば、頬当と錣の防御範囲が重複しており、頸部も同時に守ることができる錣が基本的な冑の付属具に選ばれ、頬当は製作されなくなったのではないだろうか。

（藤井陽輔）

3 鞍塚古墳の副葬品

棺外に馬具・農工具

鞍塚古墳の副葬品についても、棺外と棺内に分けてみていこう（図15）。地山を槨状に掘り残した棺の南北両側からは、北側面の東端部分で、古墳名の由来になった鞍金具《くらかなぐ》を含む馬具一式とその下から鉾（三点）が出土した。北側面中央部には副葬品はなく、西寄りに鉄鏃（一群）と銛形《もりがた》鉄器が置かれていた。対する南側面からは、ほぼ中央で農工具＝刀子（二点）・鎌（一点）・斧（二点）と鉄鋌《てってい》（五点）などが、西寄りには砥石《といし》（一点）と刀（一点）が置かれていた。

前期的な色彩を払拭した副葬品構成

副葬品は、朱痕をとどめていた棺内に四群に分けて置かれていた。これらを東からみていくと、つぎのようになる。

1 棺内東端部で鏡（一点）と多量の玉類

2 鏡につづいて南側に刀（二点）と刀子（二点）、対する北側に剣（二点）、その間に玉類

3 棺内中央部付近から西よりに、内部に三角板《さんかくいた》鋲留《びょうどめ》衝角《しょうかく》付冑《つきかぶと》

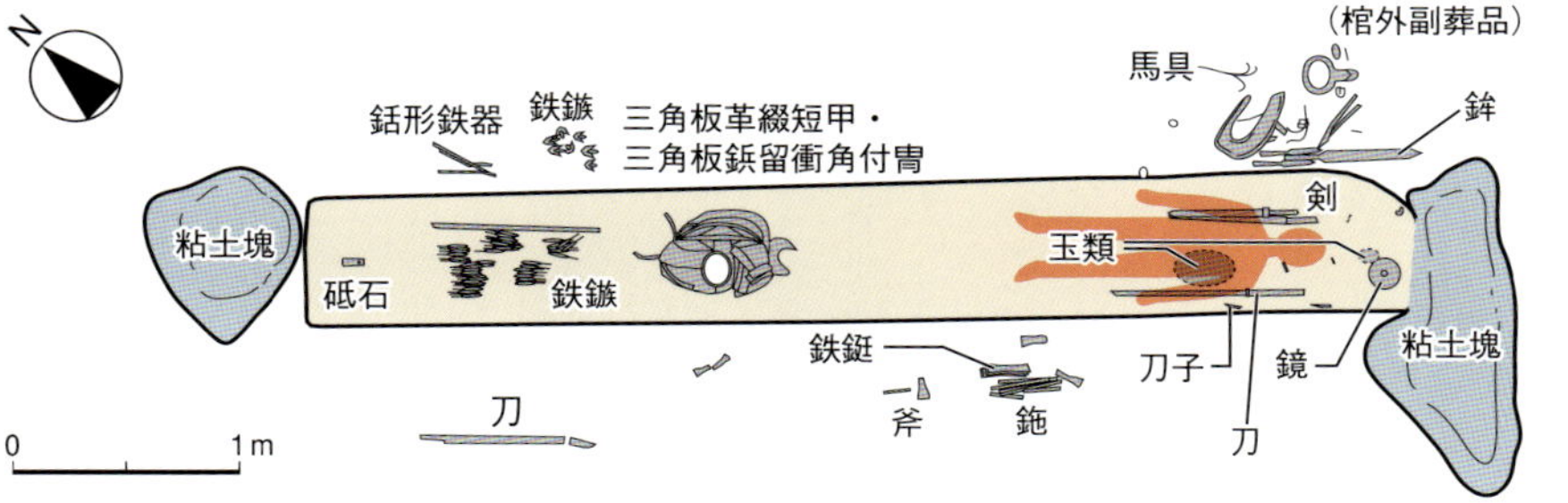

図15 ● 鞍塚古墳の副葬品出土状況
遺骸を棺東側に、西側には付属具を備えた甲冑・鉄鏃など、棺外に馬具・鉾・農工具などが副葬されていた。

（一点）と頬当（二点）を入れ、頸甲（一点）・肩甲（一点）を懸架した三角板革綴短甲（一点、**図16**）と、短甲の左脇から脇当（一点、**コラム2参照**）、さらに短甲の下から多量の玉類、短甲につづいて鉄鏃（四群）と刀（一点）

4　棺内西端に砥石

棺の幅は東側が広いことから、盾塚古墳と同様に頭位を東にとり、頭部上方に鏡や玉類、伸展された遺骸の両側に刀剣、左手首付近に玉類、足下に甲冑と鉄鏃、棺外に馬具と鉾、そして農工具という配置状況が復元できる。鞍塚古墳の副葬品構成は、鏡・玉・武器・農工具を基本としているが、盾塚古墳でみられた前期的な色彩が払拭され、整った付属具を備えた甲冑を中心に、刀剣・鉾・鉄鏃という武器に、さらに馬具が加わる。

4　珠金塚古墳の副葬品

南槨の副葬品

珠金塚古墳には、南槨と北槨というふたつの埋葬施設があることはすでにふれた。南槨では、棺外から数多くの副葬品が出土した（**図17**）。

図16 ● 鞍塚古墳の甲冑の出土状態
棺内中央西よりに立てた状態で副葬されていた三角板革綴短甲。革紐はすでに腐食していたにもかかわらず、ほぼ原形を保っていた。

〈コラム2〉

鞍塚古墳の被葬者は左利き？

鞍塚古墳からは、腋《わき》を守るための装備である「脇当」が一点、短甲の左側から出土している（図１）。一点では左右そろわないわけだが、盗掘の痕跡がないことから、最初から片方のみ副葬したのだろう。

馬に乗って戦う場合、馬の手綱に片手がとられるため、反対側の手で武器を扱うことになる。武器の重量などから考えて、手綱ではなく武具を持つ手が利き腕だったと推測すると、利き腕の脇が無防備になる。その弱点を解決するために、防御装備として脇当が導入されたと考えられる。

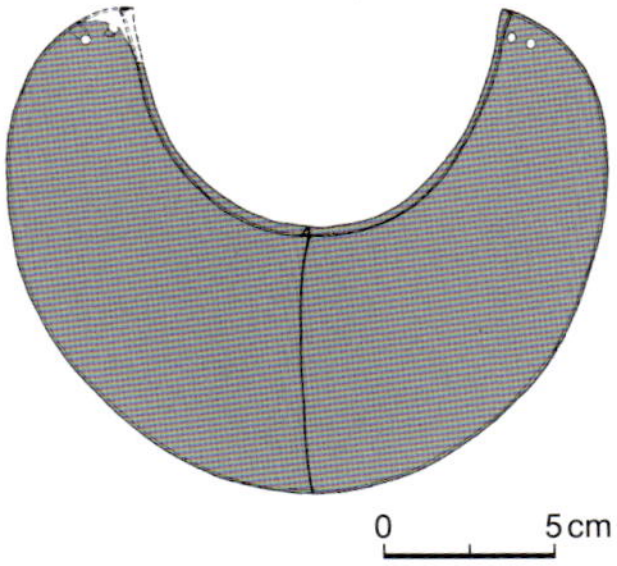

図１　鞍塚古墳出土の脇当

すると、脇当が短甲の左側から出土するということは、被葬者が左利きであったと考えられるのである。もちろん鞍塚古墳で埋葬儀礼をおこなった際、生前の被葬者の利き腕が副葬武具の配置状況に反映されていると仮定すればだが。

一方、別の見方もできる。被葬者が騎射兵だった場合である。騎射兵は両膝で馬の胴をはさみ、両手を使って弓矢を放つ。このとき無防備になるのは弓を持つほうの腕で、それは利き腕の逆であるから、この被葬者は右利きということになる。

これらの見解は、前述の副葬状況が反映されているという仮定に加え、鞍塚の被葬者が高度な乗馬技術を有していたという前提も必要となる。想像はつきないが、鞍塚古墳は被葬者の利き腕というめずらしい情報が抽出できる可能性をもった古墳であるといえる。そしてこれらの出土遺物からは、これまた状況証拠のみではあるが、本古墳の被葬者像に騎兵的な兵装を有した武人的な人物像が浮かび上がってくるのではないだろうか。

（藤井陽輔）

棺外東端部で、内部に三角板鋲留衝角付冑《さんかくいたびょうどめしょうかくつきかぶと》を入れ、頸甲・肩甲を懸架した三角板鋲留短甲《さんかくいたびょうどめたんこう》（コラム3参照）が、対する西端部には剣（一点）が置かれていた。北側では、東から三群の鉄鏃と刀剣および鑿頭状《のみがしらじょう》長柄《ながえ》付《つき》鉄製品（以下、鏟形《さんがた》鉄製品：サルポ一点、図18）と、さらにその北側に農工具（鎌・斧・鉇など）一括が、南側では、東から盾（一点）、ほぼ中央に三角板革綴短甲、これにつづいて鉄鏃（二群）が置かれていた。

棺内には、東側の一群と西側の一群という、ふたつのまとまりをもつ遺物群が存在した。東側の一群は、東端に刀子（七点）が一括され、その西側に内部に小札鋲留衝角《こざねびょうどめしょうかく》付冑《つきかぶと》を入れ、頸甲と肩甲を懸架した革綴短甲が一点置かれていた。これにつづいて北側に剣（一点）と南側に剣（一点）・刀（一点）が配され、北側の剣を中心に玉類があり、南側の剣付近には鏡（一点）と朱塊があった。

西側の一群は、棺内ほぼ中央部に置かれた鏡を境にして、棺に直交する形で剣（一点）が、つづいて北側に沿って剣・刀、中央に刀、南側に剣・刀がそれぞれ一点置かれ、

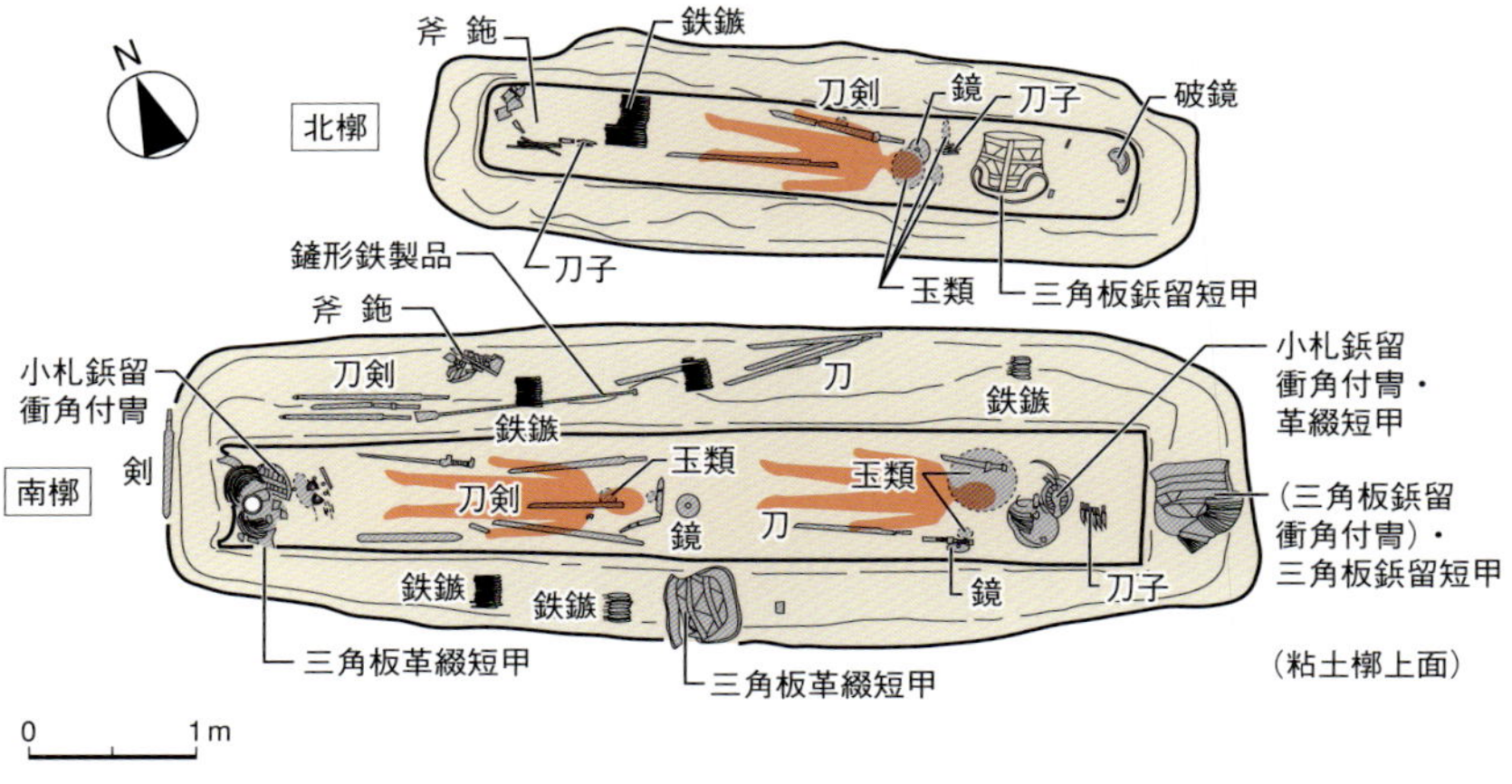

図17 ● 珠金塚古墳の副葬品出土状況
南槨では、同一埋葬施設に2人の遺骸が東西方向に直列で納められていたと考えられる。

その間に玉類があった。西側には、容器に入れられた針・櫛・管玉《くだたま》の一群があり、西端には小札鋲留衝角付冑・頸甲・肩甲・三角板革綴短甲がそれぞれ一点ずつ一括して置かれていた。

このように、南槨では、類似した構成をもつ副葬品群が二群存在し、その出土状況から頭位を東にとり、直列に伸展された二体の埋葬が考えられた。

北槨の副葬品

珠金塚古墳北槨では棺内ほぼ中央で歯が検出されたことから、頭位を東にとり伸展して遺骸が納められたと考えられた。副葬品は棺内から五群に分かれてつぎのように出土した（図17）。

1 棺東端で鏡（一点）

2 鏡につづいて頭部の東側に三角板鋲留短甲（一点）・刀（一点）・硬玉製勾玉《こうぎょくせいまがたま》（一点）

3 頭部付近では、歯とともに鏡（一点）・金製空玉などの玉類・蕨手刀子（四点）

4 遺骸の軀体部《くたいぶ》に沿って、北側に刀（一点）、南側に刀（二点）、両手首のあたる位置で手玉《てだま》として使用された玉類。右手玉は、ガラス製丸玉（一一点）・同小玉（二点）・環状ガラス玉（五点）・金箔ガラス玉（一三点）・金製空玉（一二点）。左手玉は、琥珀《こはく》製棗玉《せいなつめだま》（八点以上）・同丸玉（一点）・ガラス製丸玉（二九点）

5 遺骸の足下には、鉄鏃一群が、この鉄鏃の南側と棺西端にあたる部分二カ所に農工具＝刀子（二点）・手鎌（一点）・鉇（一点）・鑿《のみ》（六点）・斧（三点）・鎌（二点）・方形鍬鋤先（三点）

〈コラム３〉

珠金塚古墳出土の鋲留短甲と革包覆輪

珠金塚古墳からは、鉄板を鉄の鋲で留め合わせて（図1）つくった三角板鋲留短甲が、南槨と北槨から一領ずつ出土した。この三角板鋲留短甲は、これまでの研究から、革紐で綴じ合わせた革綴短甲の後に成立したとされている。四世紀末～五世紀の初頭、朝鮮半島から多くの器物が倭国に入ってきたが、そのなかに鉄の鋲を使った武具・馬具があった。鋲留技術はいわば当時の最先端の外来技術といえる。

珠金塚古墳出土の鋲留短甲には、ほかにもさまざまな外来技術が使用されている。その一つが「革《かわ》包覆輪《づつみふくりん》」である。北槨出土の三角板鋲留短甲に使用されている（図2）。覆輪とは、剝き出しの鉄板になっている甲冑の端をおおうことで武具を着装する人が怪我をしないようにする加工である。

それまでは「革組覆輪《かわぐみふくりん》」といって、鉄板の端に等間隔の孔を開け数本の革紐を巻いたものであったのが、「革包覆輪」では、端全体を細長い革で包み込み革紐で縫《ぬい》いつけるもので、それまでの仕上げと大きく異なる。それは馬具に用いられた技術や最先端の武具である挂甲に使用された技術（図3）を転用したものと考えられる。こうした技術の痕跡から、朝鮮半島で馬具や武具を製作していた工人集団が倭国にやってきて、在来の工人集団のなかに組み込まれ、短甲製作に従事した姿が想像できるのである。

（藤井陽輔）

図１　鉄鋲（北槨出土の三角板鋲留短甲）

図２　革包覆輪（北槨出土の三角板鋲留短甲）

図３　関西大学博物館所蔵末永先生復元挂甲

三古墳に共通する要素

このように三古墳には墳丘の規模や形状、築造時期に違いはあるものの、埋葬施設や副葬品の構成に共通する要素が多くみられる点が注目された。埋葬施設は、粘土槨もしくは粘土槨を意識したもので、古墳の主軸方向は異なるが三古墳ともに東西方向に棺を置き、頭位を東にとっている。また、出土した副葬品は、いずれも鏡・玉・武器・農工具（図18）を基本とし、とくに、古市古墳群のなかでは中小規模古墳でありながら、組成として整った武器、付属具を完備した甲冑がみられた点が特徴的である。

さらに、三古墳それぞれには、同時期の古墳では一般にみられない特殊な副葬品や器具が含まれていた。盾塚古墳の筒形銅器や鑷子状鉄器であり、珠金塚古墳南槨の鑓形鉄製品であり、

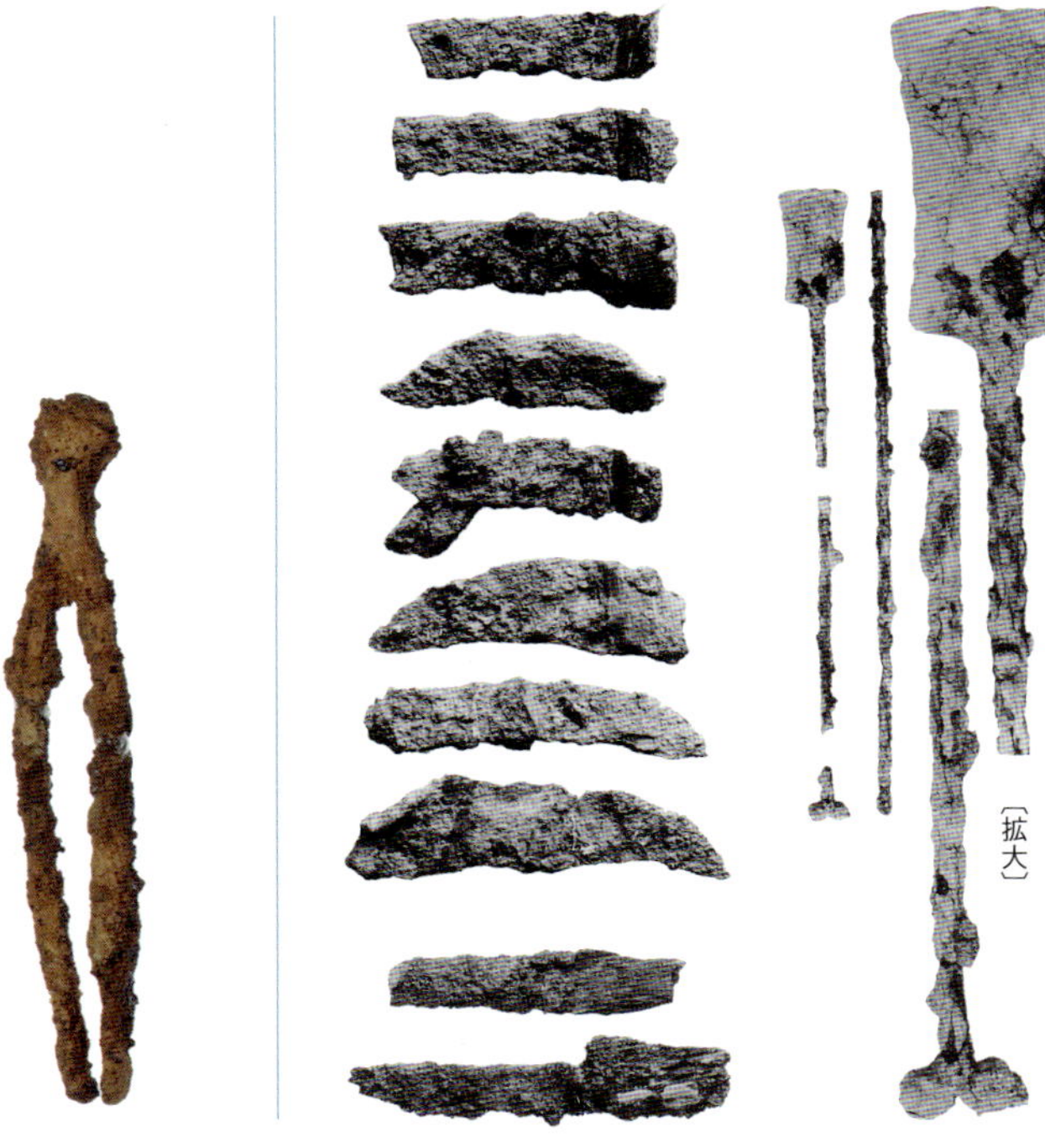

図18 ● 特殊な副葬品
写真左は盾塚古墳出土の鑷子状鉄器（全長11.8cm）。写真中央は珠金塚古墳南槨出土の鎌と刀子、写真右は同出土の鑓形鉄製品。農工具のなかに朝鮮半島との関係を示す全長約132cmという長大な鑓形鉄製品が含まれていた。

珠金塚古墳北槨の鋌などである。これらの副葬品や器具は、製作地が朝鮮半島であったかどうかはともかく、いずれも朝鮮半島との関係を強く示すものであり、これも三古墳四施設の被葬者が共通してもった特質のひとつであった。

整理作業の進むにしたがって三古墳の全容がじょじょに明らかになっていった。三古墳四施設から出土した副葬品は、鏡・玉・武器・農工具を基本とし、最大の特徴となる武器を中心にした鉄製品がその姿をあらわしたのである。

5　再発掘された盾塚・鞍塚古墳

盾塚古墳――新たにわかった造り出しの存在と周濠の形状

一九五五年の調査後、住宅建設のため地上に残っていた墳丘が消失してしまった盾塚・鞍塚古墳は、一九八七年から九五年にかけておこなわれた中層鉄筋コンクリート造への建替え工事にともなう調査によって、以前の工事で削平されていなかった墳丘の下半部や周濠が姿をあらわした。その姿は、これまでの調査成果に新たな知見を加えることとなった。

それまで不明だった盾塚古墳の周濠は、周辺の地割からみて盾形の可能性が指摘されていたが、調査によってあらわれたのは、まったく予想していなかった卵のような楕円形をした周濠であった。また、前方部は短くない普通の前方後円墳ではないかと疑問視されていたが、調査の結果、帆立貝式前方後円墳であることが確認された。さらに、後円部西側のやや前方部寄りには造り出しがあることも判明した（図19）。

みつかった墳丘は全体的に一段目斜面のみであったが、東側くびれ部では一段目テラスと埴輪列および二段目裾部分が、前方部西側面の一段目や造り出しでは埴輪列が残っていた（図20）。墳丘斜面には全面に径二〇センチほどの川原石が葺かれていた。葺石は、墳丘の屈曲部や途中でまず縦一列に石を葺いて小区画をつくり、その区画内に石を葺く作業単位がみられた。

周濠内には転落した状況の埴輪は少なく、古墳築造以後、本来樹立されていた埴輪や葺石、

図19 ● 姿をあらわした盾塚古墳
上：前方部と東側くびれ部がみえる。周濠は卵のような楕円形をしている。
下：前方部西側側面と後円部、造り出し。写真奥には鞍塚古墳もみえ、周濠がほぼ接していることがわかる。

周辺の古墳などの埴輪、古代以降の遺物が大量に廃棄されたような状況でみつかった。埴輪は、普通円筒埴輪や朝顔形円筒埴輪のほか、家、鳥（鶏、水鳥）、盾、蓋《きぬがさ》、甲冑（冑、三角板革綴、草摺の部分）、靫《ゆぎ》などの形象埴輪が含まれていた。

鞍塚古墳——予想外だった墳丘、周濠の形状と造り出しの存在

円墳とみられていた鞍塚古墳の発掘では、調査を開始してすぐにうっすらと見えてきた墳丘の輪郭に目を疑った。あらわれたのは、帆立貝式前方後円墳の前方部からくびれにかけての部分と南側のくびれ部に取り付く造り出しであった（**図21**）。また、周濠の形状も盾塚古墳とうりふたつの楕円形であることが判明した。墳丘は一段目斜面が残っているのみで、葺石はこぶし大の川原石を幾重か重ねて葺いているような状況であった。

周濠内からは普通円筒埴輪や朝顔形円筒埴輪のほか、家、鳥（鶏）、盾、蓋、甲冑（肩甲、草摺の部分）、囲《かこい》などの形象埴輪や土師器《はじき》の高坏《たかつき》が多数出土している。

盾塚・鞍塚古墳の墳形復元

調査で得たデータから復元した両古墳の推定規模は、盾塚古

図20 ● 盾塚古墳の造り出しの埴輪列
墳丘側に残存していた。テラス面の高さとの比較から、造り出しは１段目斜面に取り付いていたと推定。

墳では全長八八メートル、墳丘長七三メートル、前方部幅二五メートル、長さ一六・四メートル、後円部径五九メートルであり、造り出しは幅一〇・五メートル、長さ北辺五・八メートル、南辺六・八メートルとなる。

一方、鞍塚古墳は、墳丘長四八メートル、後円部径四〇メートル、前方部幅二一メートル、長さ一〇・五メートル、造り出しは幅九・五メートル、長さ北辺六メートル、南辺七メートルとなる（**図22**）。

帆立貝式前方後円墳でありながらともに楕円形周濠をもち、ほぼ接するように築かれ、造り出しを同方向に向けている点で被葬者同士の強い共通意識をうかがうことができる。また、両古墳の周囲には古墳造営に関わった土師氏《はじし》関連の埴輪棺墓や小型方墳などが数多く分布している。

盾塚・鞍塚古墳の埴輪

盾塚古墳の埴輪列の円筒埴輪は、径二〇センチ程度の小型円筒のみであり、窖窯《あながま》焼成技術導入以前のため軟質で、黒斑《こくはん》をもつ例もみられる。外面調整はタテハケのみで、大型古墳ではすでに用いられている、外面の器壁に工具の静止痕を意図的に残す「B種ヨコハケ」を用いてい

図21 ● 鞍塚古墳の調査区全景
前方部からくびれ部、写真右側に造り出しがある。前方部と造り出しのあいだは狭い谷状になっており、小礫を敷いていた。

ないが、底部高や胎土・色調などの特徴から仲津山古墳と併行する五世紀初頭ごろに当てられよう（図23）。

一方、周濠内から出土した鞍塚古墳の円筒埴輪は、窖窯焼成され、外面調整はタテハケのみ、口縁部は折り曲げたり外反させたりする古い様相をもつ小型円筒が多い（図23）。また、突帯間を一周させるB種ヨコハケの静止痕が縦かやや斜めに傾く径四〇センチ前後、幅広突帯を貼付けた口縁で、多条突帯の大型円筒も少なからず出土している。これらの特徴は、仲津山古墳に後続する誉田御廟山古墳築造後半から大山古墳築造までの時間幅でほぼ収まるであろう。つまり、円筒埴輪では両古墳の時期は大王陵で一〜二世代の差がある。

特徴的な形象埴輪に、鞍塚古墳の周濠から出土した囲形埴輪がある（図24）。横断面が長方形で、上端に鋸歯状突起を設けており、長辺の突帯の文様や形状などから数個体分がある。短辺には円形の透孔、

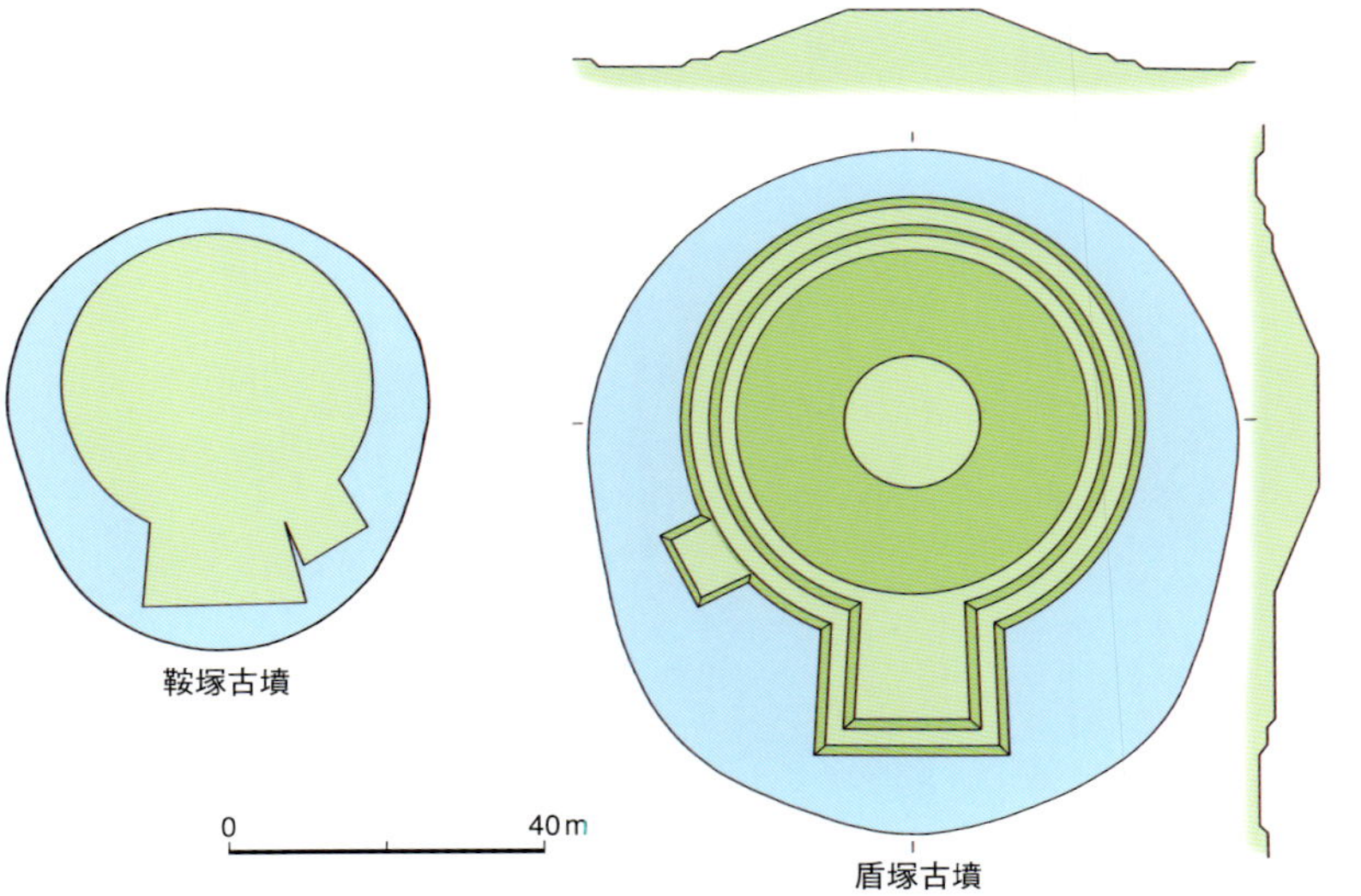

図22 ● 盾塚古墳と鞍塚古墳の墳形復元図
盾塚古墳は、前方部２段、後円部３段を推定。両古墳とも厳密には左右対称の規格にはならない。

内側には中仕切りをもつ構造である。これは、鞍塚古墳南西の狼塚《おおかみづか》古墳くびれ部出土の導水施設形埴輪を構成する囲形埴輪と同じタイプで、柵や塀を模したものである。鞍塚古墳の囲形埴輪も造り出し周辺に配置され、祭祀に用いられたのであろう。

　このタイプの囲形埴輪は、ほかにも青山一号墳や長屋二号墳、土師《はじ》の里《さと》遺跡などで出土しており、古市古墳群中で出現・展開し、土師の里埴輪窯で焼成されていることから、「古市古墳群型」囲形埴輪といえるもの

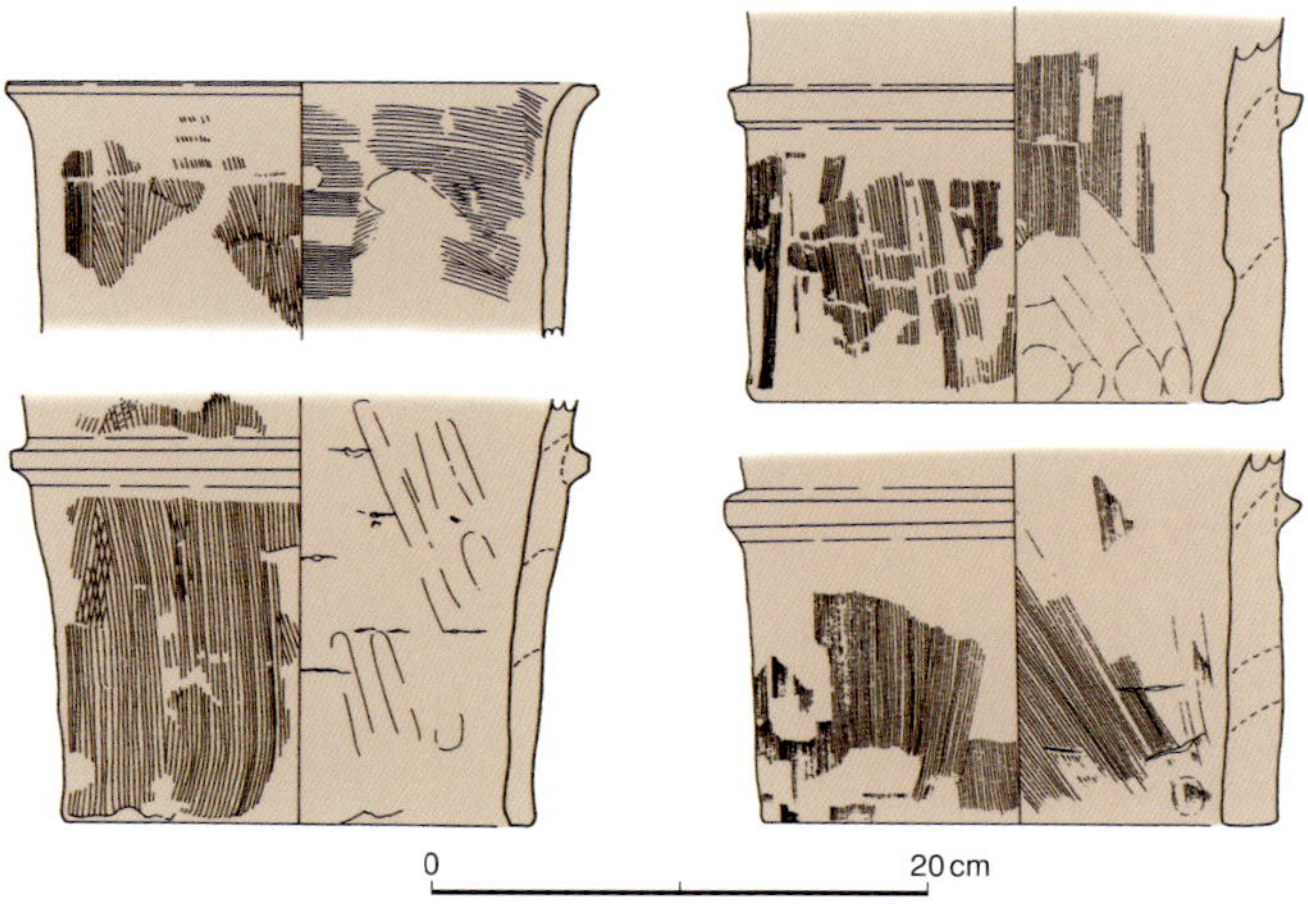

B種ヨコハケの一例（誉田御廟山古墳）
円筒埴輪の突帯貼り付け後に器面に施される外面調整技法の一種。突帯間の器壁にハケ工具を垂直に当て一定間隔で静止させながら突帯間を一周させるBc種ヨコハケが大王陵の誉田御廟山古墳で初めて採用されるが、鞍塚古墳の大型円筒埴輪にも用いられている。

図23 ● 出土した円筒埴輪
右上：盾塚古墳造り出し埴輪列出土、左上：鞍塚古墳周濠内出土。盾塚のものはB種ヨコハケを用いていない小型品のみだが、鞍塚のものは用いた大型品が含まれている。そうした特徴などから、両古墳は大王陵で1～2世代の差があることがわかった。

である。また鞍塚古墳の造り出し近辺の周濠内から多数出土した土師器の高坏片は、造り出し上で土器供献をともなう飲食儀礼がおこなわれたことを示しているだろう。

保存された盾塚・鞍塚の墳丘・周濠

一九八七年からの発掘調査開始前には、住宅敷地内に存在が予想された盾塚、鞍塚、珠金塚の三古墳などの範囲確認調査をおこない、保存を前提とした工事の全体計画がなされた。調査によって明らかとなった盾塚・鞍塚古墳の墳丘および周濠部分は、住棟などの主要建設範囲からはずし、駐車場や緑地帯等として地下に保存がはかられた。開発と文化財保護の双方の努力により当初の開発計画から一貫して保存が図られた点で評価される事例である。

現在、盾塚古墳の場所には調査で得た墳形プランにもとづいて盛土整備され、住民が憩う古墳公園として生き続けている。

（本節：小浜　成）

図24 ● 鞍塚古墳および西方出土の囲形埴輪
上は鋸歯の下に同心円文、突帯には綾杉文など装飾的。中・下は長辺44～47㎝であり、狼塚古墳例とほぼ同形同大。

第3章　武器の変遷が物語るもの

1　古墳時代の武器研究

武器がもつ宿命

殺戮《さつりく》と破壊の道具でしかない武器は、なんら生産性をもつものではないが、人間の性《さが》なのだろうか、いつの時代にも人は「武器＝力」に魅了されてしまう。しかし、戦国時代や先の大戦でもそうであったように、必要とあれば計り知れない量の武器が製造されるにもかかわらず、後の世までそれらの武器が姿をとどめることはきわめてまれである。機能更新によって古くなった武器は、地金《じがね》などとして回収され、姿を変えて再生されていくことが運命づけられているからである。

ところが、これにあてはまらないのが古墳時代の武器である。古墳時代は、武器をはじめさまざまな器物を古墳に副葬するという特異な習慣があった時代である。幸運というべきか、古墳時代の武器は、ほかの時代にくらべようもないくらい高い比率で現代にまでその姿をとどめている。むろん、このような特異な習慣は、日本列島だけでみられる現象ではない。程度の差こそあれ、その多くは世界各地で古代国家が姿をあらわす段階においてみられることである。

武器研究の進展

古墳時代の武器研究は、末永先生や後藤守一《ごとうしゅいち》先生らによって、戦前にはすでにその基礎が築かれていた。そして皮肉なことに、戦後の急激な開発にともなって調査された古墳の武器が、古墳時代の武器研究を大きく進展させることになった。古市古墳群では長持山《ながもちやま》古墳、唐櫃山古《からとやま》墳、そして盾塚・鞍塚・珠金塚古墳の三古墳やアリ山古墳など、また百舌鳥古墳群では百舌鳥《もず》大塚山《おおつかやま》古墳や七観《しちかん》古墳などの調査である。

当時、古市古墳群で多くの古墳の調査に携わった北野耕平氏によって、甲冑の製作技術や生産体制、さらには政治的・軍事的問題にもおよぶ、その後の武器研究の指針ともすべき論考が示されていた。これに野上丈助《のがみじょうすけ》氏と小林謙一《こばやしけんいち》氏の甲冑を中心にした詳細な研究と北野氏がまとめた『河内野中古墳の研究』の刊行が加わり、古墳時代の武器研究は、甲冑の研究に牽引された新たな段階への扉が開かれていた。

武器研究の中心を占めた甲冑は、古市古墳群ではこの三古墳以外に、誉田丸山《こんだまるやま》古墳・野中古墳（**図25**）・藤の森《ふじのもり》古墳・長持山古墳・唐櫃山古墳で出土していた。ところが、このうち報告書が刊行されていたのは野中古墳と藤の森古墳だけで、ほかは長持山古墳などのように写真や簡略な記述によって断片的な情報を知りえたにすぎなかった。

また、鉄鏃や刀剣といった攻撃用武器の詳細を知ることができたのは、アリ山古墳と野中古墳だけで、各古墳から出土した大量の攻撃用武器は、品目と数量、または品目のみの公表にとどまっており、その情報はさらに限られたものであった。つまり、古市古墳群で出土していた武器の大部分は、空白のまま取り残されていたのである。

古市古墳群と百舌鳥古墳群の勢力を武器の開発、生産の中心主体と想定する北野氏らの研究成果は、両古墳群から出土した武器を直接検討して導き出されたものではなく、断片的な情報と両古墳群以外の資料に立脚したものであった。この空白を埋めることを可能にしたのが、盾塚・鞍塚・珠金塚古墳から出土した武器であった。

図25 ● 野中古墳の甲冑出土状態
墓山古墳の陪塚である野中古墳からは、11セットの甲冑、170点の刀剣、740点の鉄鏃、3点の鉾、さらに36kg以上の鉄鋌などが出土した。

２　三古墳にみる甲冑の発達

甲冑の変遷から導き出された三古墳の前後関係

三古墳から出土した甲冑の整理は、藤田《ふじた》和尊《かずたか》氏と高橋《たかはし》工《たくみ》氏を中心にして進められた。当初から予想されていたこととはいえ、大型前方後円墳や特定物品の埋納を主眼とした陪塚《ばいちょう》でもない、とくに一辺わずか二五メートルにすぎない珠金塚古墳から出土した冑（三点）と短甲（五点）を目の当たりにした時、その数量がいかに大きなものであるかをあらためて実感することになった。

盾塚古墳では、三角《さんかく》板革綴《いたかわとじ》衝角付冑《しょうかくつきかぶと》・三角《さんかく》板革綴短甲《いたかわとじたんこう》・長方板《ちょうほういた》革綴短甲《かわとじたんこう》が副葬されていたことがわかった。

このうち長方板革綴短甲は、後年、三重県石《いし》

図26 ● 鞍塚古墳出土の三角板鋲留衝角付冑
鞍塚古墳では、三角板鋲留衝角付冑と三角板革綴短甲が出土し、革綴から鋲留への移行期にあたる。

図27 ● 珠金塚古墳南槨出土の小札鋲留衝角付冑
珠金塚古墳南槨では、三角板鋲留衝角付冑以外に、小さな長方形の鉄板（小札）を使用した新たな衝角付冑が出現した。

山《やま》古墳や鳥取県古郡家《ここおげ》一号墳とともに、長方板革綴短甲のなかでもっとも古い一群に入ることが明らかになる。

鞍塚古墳では、三角板鋲留衝角付冑《さんかくいたびょうどめしょうかくつきかぶと》（図26）・三角板革綴短甲が出土した。鋲留の冑が存在したことによって、鉄板を綴じ合わせる技法が革綴から鋲留へと移行する段階に鞍塚古墳を位置づけることができるとともに、鋲留技法がまず構造の小さい冑に導入されたことが明らかになった。また、鞍塚古墳と珠金塚古墳南槨で三角板鋲留衝角付冑が確認できたことで、当時三角板革綴衝角付冑から三角板鋲留衝角付冑への移行を疑問視していた考えを修正することにもなった。

珠金塚古墳南槨では、三角板鋲留衝角付冑・小札鋲留衝角付冑《こざねびょうどめしょうかくつきかぶと》（二点、図27）と三角板革綴短甲（二点）・三角板鋲留短甲（図28上）・革綴短甲が出土し、北槨では、三角板鋲留短甲（図28下）が出土した。これらの甲冑の構成から、三角形の鉄板を使用した鋲留衝角付冑以外に、珠金塚古墳南槨の段階で小札鋲留衝角付冑という長さ五センチ前後の小さな長方形の鉄板を上下二段に使用した冑が新たに考案されていたこと、さらに短甲にも鋲留技法が導入されたことが判明した。

一方、百舌鳥古墳群の七観古墳では、長さ十数センチ程度の細長い鉄板を鋲で綴じ合わせた竪矧細板鋲留衝角付冑《たてはぎほそいたびょうどめしょうかくつきかぶと》と、三角板平行四辺形板併用革綴短甲《さんかくいたへいこうしへんけいいたへいようかわとじたんこう》の出土が知られていた。甲冑の変化の時間幅をどの程度にみるかという問題もあるが、珠金塚古墳南槨の前に七観古墳が築造されたことが予想され、三角板革綴衝角付冑→三角板鋲留衝角付冑→竪矧細板鋲留衝角付冑→

図 28 ● 珠金塚古墳出土の短甲
上：南槨出土の三角板鋲留短甲、下：北槨出土の三角板鋲留短甲。
珠金塚古墳では、構造の小さな冑につづいて、短甲にも鋲留技法が導入されるようになった。

小札鋲留衝角付冑という、革綴衝角付冑から鋲留衝角付冑への流れが整理できた。これらの成果によって、盾塚古墳→鞍塚古墳→珠金塚古墳という築造順序が考えられた。

また、中期の冑には、既述したように、前頭部が尖頭形のつくりになる衝角付冑以外に、半球状の眉庇付冑という形状の異なる冑が存在する。野中古墳で出土している小さな長方形の鉄板を上下二段に使用した小札鋲留眉庇付冑《こざねびょうどめまびさしつきかぶと》が、古市古墳群ではもっとも時期がさかのぼるものである。事例は限られているが、滋賀県新開《しんがい》一号墳などで出土している長さ十数センチ程度の細長い鉄板を鋲で綴じ合わせた竪矧細板鋲留眉庇付冑《たてはぎほそいたびょうどめまびさしつきかぶと》がその前の段階に位置づけられており、七観古墳や珠金塚古墳南槨と野中古墳の間の時期に出現している可能性が想定された。

小型三角板革綴短甲から三角板鋲留短甲への流れ

整理作業に入ってからのことになるが、古市古墳群のなかで築造時期がもっともさかのぼる大型前方後円墳、津堂城山古墳の副葬品のなかに、三角板革綴短甲に使用された一辺数センチの三角形の鉄板の破片が含まれていることが報告された。これらの鉄板は、盾塚古墳の三角板革綴短甲に使用されていた鉄板よりも小さいもので、滋賀県大塚越《おおつかごし》古墳（大塚古墳）などの出土事例によって、中期の短甲の初源期に位置づけられていたものである。古市古墳群では、盾塚古墳の三角板革綴短甲より前に、津堂城山古墳の小型三角板革綴短甲が存在することが明らかになった。

このように古市古墳群で、中期の甲冑が出現する津堂城山古墳から鋲留短甲が一般化する野

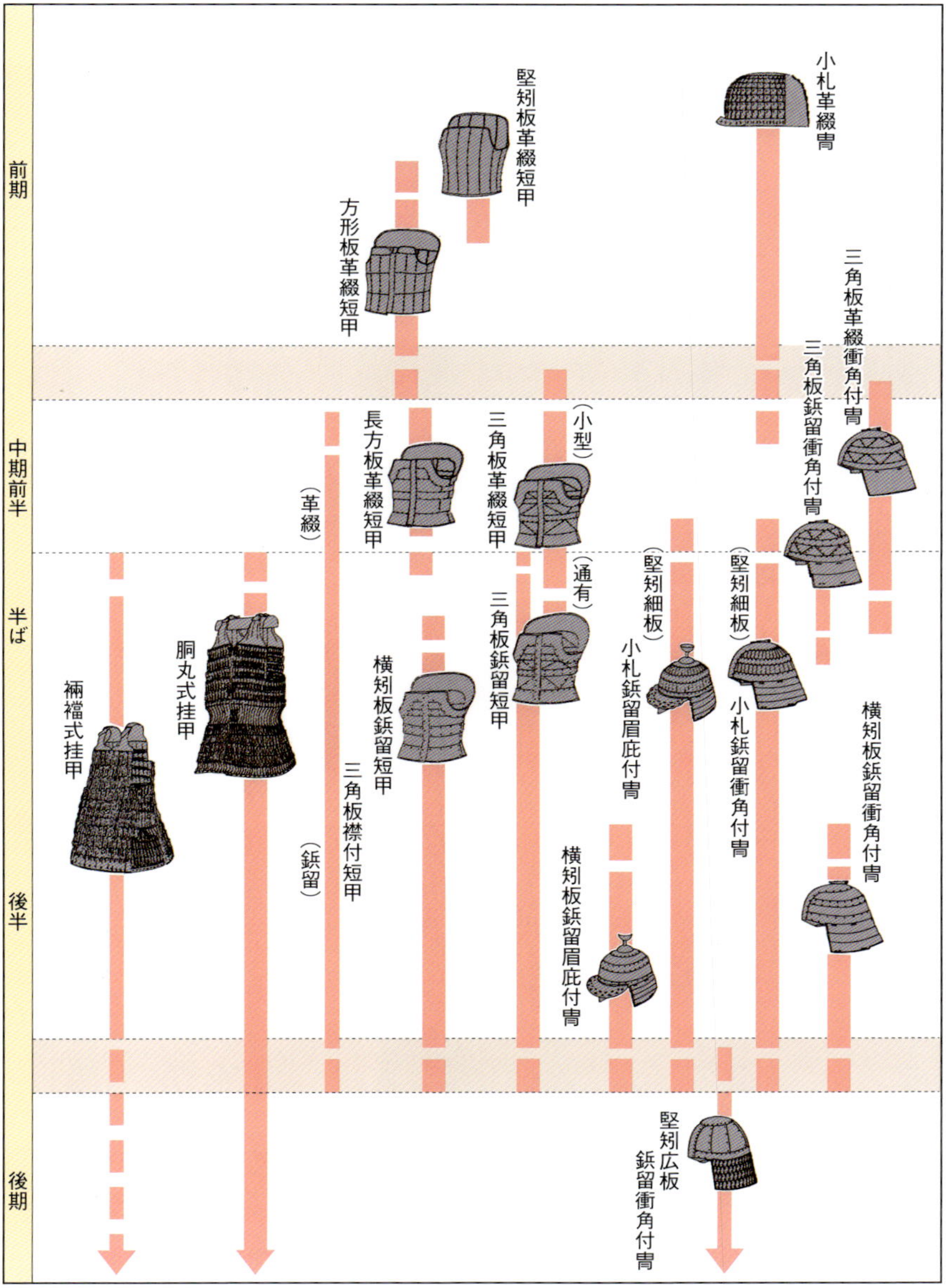

図29 ● 甲冑の変遷
古墳時代中期は、武器の急速な機能向上と
大量の生産を必要とした時代であった。

中古墳までの甲冑の変遷を具体的な資料をもって示すことができるようになった（図29）。同時に、鉄板を綴じ合わせる技法が革綴から鋲留へ、小さな鉄板を多く使用する短甲から、より大きな鉄板を使用することによって防御性を高めるとともに、使用枚数を減らして製作の省力化を図るという、甲冑製作における基本的な変化の道筋を具体的にたどることもできるようになった。現在の甲冑に関する研究は、整理作業段階からするとはるかに高い水準にあるが、三古墳四施設から出土した甲冑が、それぞれ一定の重複期間をもちながら、よどみなく流れるように描き出す機能向上の軌跡はまさに圧巻であった。

そして、北野氏が埋葬施設に視点をおいて想定した盾塚古墳→珠金塚古墳→鞍塚古墳という築造順序は、盾塚古墳→鞍塚古墳→珠金塚古墳南槨→北槨になる可能性が高まったのである。

甲冑の多様な付属具

これに加え、三古墳の甲冑が多様な付属具を備えていたことが明らかになったことも大きな成果であった。錣《しころ》と頸甲《あかべよろい》や肩甲については、早い段階に出現することが指摘されていた。付属具の存在が不明な津堂城山古墳をのぞくと、これにつづく盾塚古墳では錣と頸甲や肩甲、頬当《ほおあて》が、さらに鞍塚古墳では脇当《わきあて》が加わる。また、珠金塚古墳南槨では頸甲と肩甲がみられた。このような多様な付属具が、中期の甲冑の出現間もない盾塚古墳の段階でほぼ完備されていたことは注目すべき現象であった。

これに加え、甲冑本体だけではなく、付属具それぞれにおいても機能向上の跡が認められた。

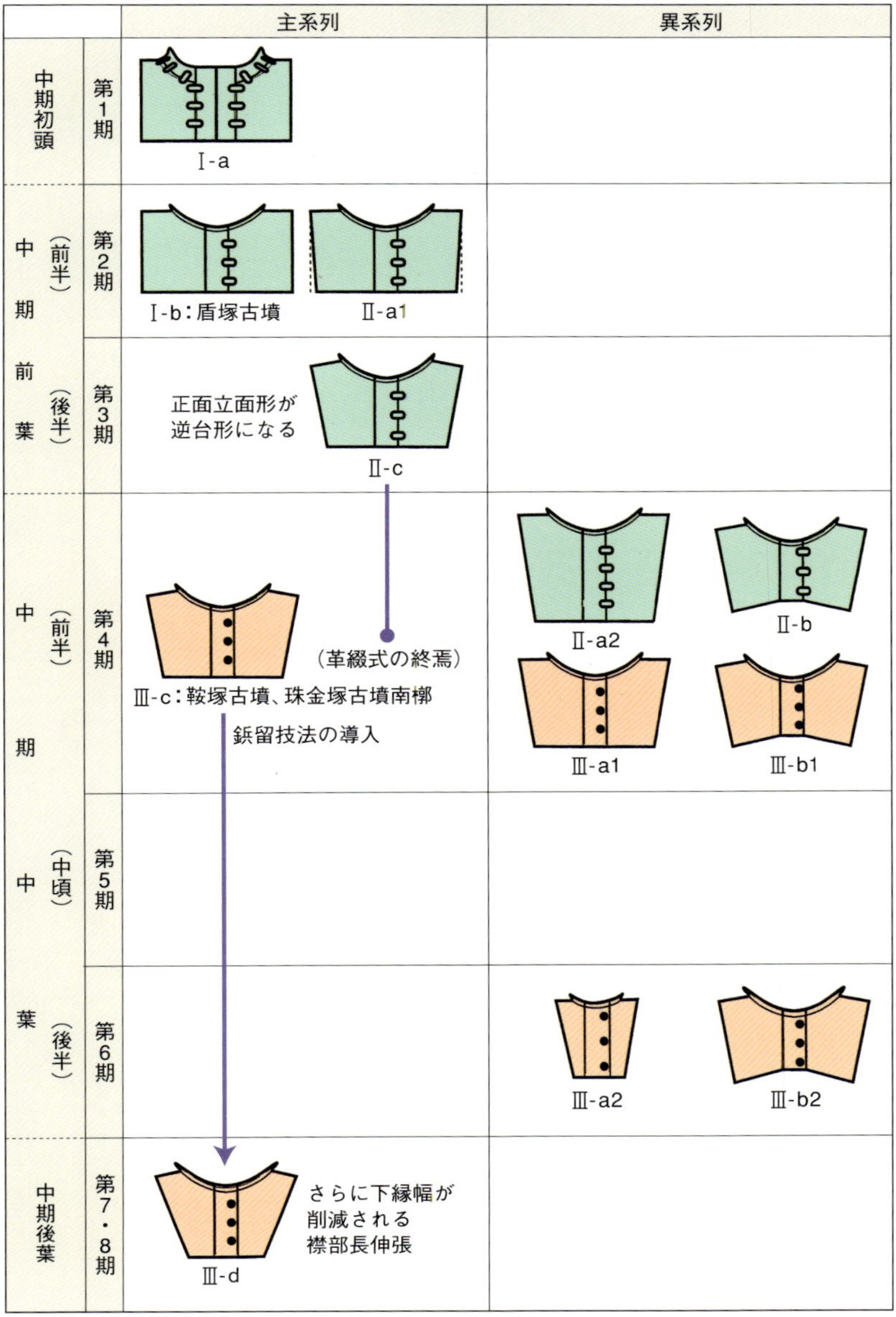

＊「異系列」：技術革新期に集中して登場する、新たな渡来工人が製作したとみられる流れ。
＊「主系列」：新たな技術や発想の導入により、機能進化し継続的に発展していく流れ。

図30 ● 頸甲の変遷
甲冑本体だけでなく、付属具にあっても
急速な機能向上の軌跡がみられる。

盾塚古墳で出土した胸背部上半部全体を覆う横長長方形の頸甲から可動性を重視した鞍塚古墳や珠金塚古墳南槨で出土した逆台形の頸甲への変化（図30）、また同様に、盾塚古墳で出土した一枚の幅の広い錣から鞍塚古墳や珠金塚古墳南槨で出土した幅の狭い複数の鉄板を使用した可動性の高い錣への変化などである。このことは、甲冑が実用武器として使用された、または使用することを目的として製作されていたことを示している。

3 古市古墳群の勢力が生み出した武器

攻撃用武器については、前期から中期への移行にともなって、剣から刀へ比重が移るとともに長伸化し、ヤリから鉾へ、さらに小型の鉄鏃から大型の鉄鏃へといった変化が生じることは早くから指摘されていた。しかし、古市古墳群では、攻撃用武器の詳細は、既述したように、アリ山古墳と野中古墳以外では知られていなかった。ここでも、三古墳四施設の攻撃用武器は、とくに鉄鏃が、甲冑同様、津堂城山古墳と野中古墳の間に残されていた空白部分を埋める大きな役割を果たすことになった。

多数形式少量副葬から少数形式多量副葬へ

古墳時代における主要な攻撃用武器は、刀や剣、ヤリや鉾、そして弓矢である。これらの武器のうち直接手にもって使用する刀や剣、ヤリや鉾、また弓は、特定個人のために製作されたとみられるものをのぞくと、その大きさや形状、重さは、使用方法や使用者の平均的な体型、腕力などから強い制約を受ける。使用方法の変化、戦術や戦闘方法の転換が生じないかぎり、大きさや形状、重さはおのずと一定の枠内におさまることになる。

一方、矢は、矢柄には刀剣などと同様の制約がかかるが、装着される鉄鏃本体にかかる制約は、他の攻撃用武器にくらべ緩やかなものである。鉄鏃には、その殺傷力や命中率、また飛距離といった基本的な機能の向上を図る余地が、他の攻撃用武器にくらべより多く残されている。つまり、その多様な形状から鉄鏃それぞれに求められた機能を探ることができるのである。

古墳時代中期に入って、鉄鏃は多数形式少量副葬から少数形式多量副葬へ転換するという大きな流れが指摘されていた。三古墳四施設の鉄鏃が明らかになるまでは、アリ山古墳で鏃身の幅がひろい大型で重厚な平根系《ひらねけい》鉄鏃が主体を占める少数形式多量副葬へと変化していることが知られていた。

甲冑の変遷と軌を一にする鉄鏃

さて、三古墳四施設からは多数の鉄鏃が出土した。整理作業で確認できた本数は、盾塚古墳で三七四本、鞍塚古墳で一六三本以上、珠金塚古墳南槨で一三七本、北槨で七六本であった。遺存状態の問題もあり、とくに鞍塚古墳では数量自体の確定ができなかった。

盾塚古墳では他の古墳にくらべ多くの鉄鏃が副葬されていたが、形状はきわめて多様で、大型化の傾向を示しているとはいえ、その構成は多数形式少量副葬であった。ところが、鞍塚古墳では、盾塚古墳でみられたような形状の多様性が姿を消し、限られた形状の鉄鏃による構成へと変化していることが確認でき、少数形式多量副葬の段階としてみることができた。

報告書作成時に、古市古墳群と百舌鳥古墳群で出土した鉄鏃の変化を時間軸に従って配列し作成したのが**図31**である。盾塚古墳でみられる鏃長十センチ前後の鉄鏃から、鏃長十数センチの鞍塚古墳や珠金塚古墳南槨でみられる鏃身が大きな重厚な鉄鏃へ、さらに珠金塚古墳北槨や野中古墳でみられる細身で貫通力にすぐれた鉄鏃へという道筋をたどることができる。とくに、鞍塚古墳の鉄鏃のなかに、その後の細身で長伸化する鉄鏃の初源的なものが含まれていることが明らかになり、鞍塚古墳がアリ山古墳の時期を上限にして、これよりも後出である可能性が想定された。

さらに、珠金塚古墳南槨の鉄鏃がこれにつ

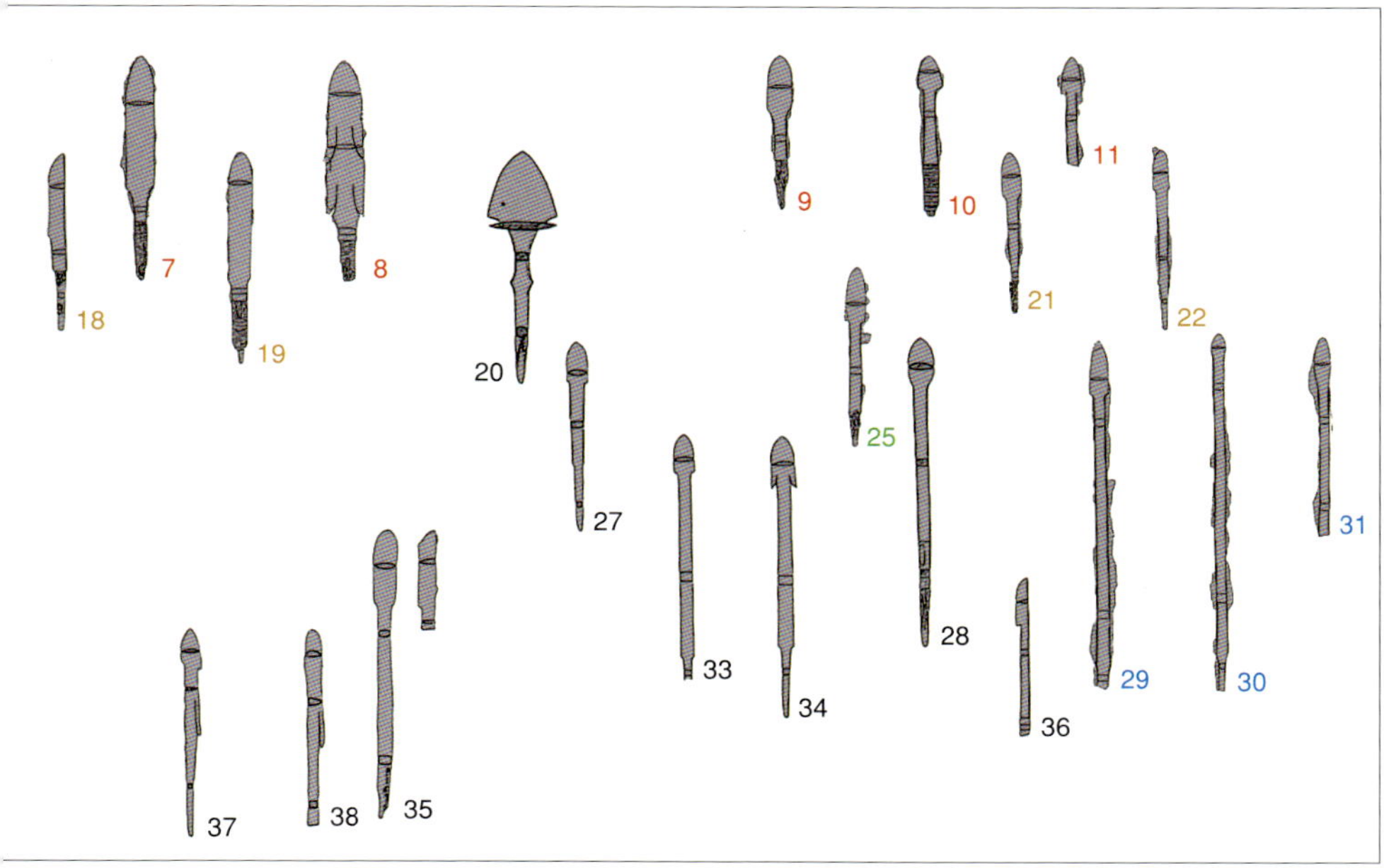

図31 ● 古市・百舌鳥古墳群（古墳時代中期）の鉄鏃の変遷
古墳時代中期の鉄鏃は、鋲留甲冑が出現する中期半ばの段階にとくに活発な変化がみられる。

ぎ、珠金塚古墳北槨・野中古墳で尖根系《とつねけい》鉄鏃への移行が生じ、とくに珠金塚古墳北槨でみられるような、長さが一気に倍以上の二五センチにまで長伸化した鉄鏃もあらわれる。この段階を経て、鏃長が一五～一六センチの定型化した尖根系鉄鏃へという、古墳時代中期の鉄鏃全体の変化の流れをつかむことができた。

これによって、甲冑から想定された古墳の築造順位、盾塚古墳→（アリ山古墳・）鞍塚古墳→珠金塚古墳南槨→北槨（→野中古墳）が鉄鏃でも同様に確認することができた。

甲冑と鉄鏃の相関関係

以上のように、三古墳四施設から出土した甲冑（防御用武器）と鉄鏃（攻撃用武器）の詳細が明らかになったことで、アリ山古墳の位置づけを含め、古市古墳群の前半期、津堂

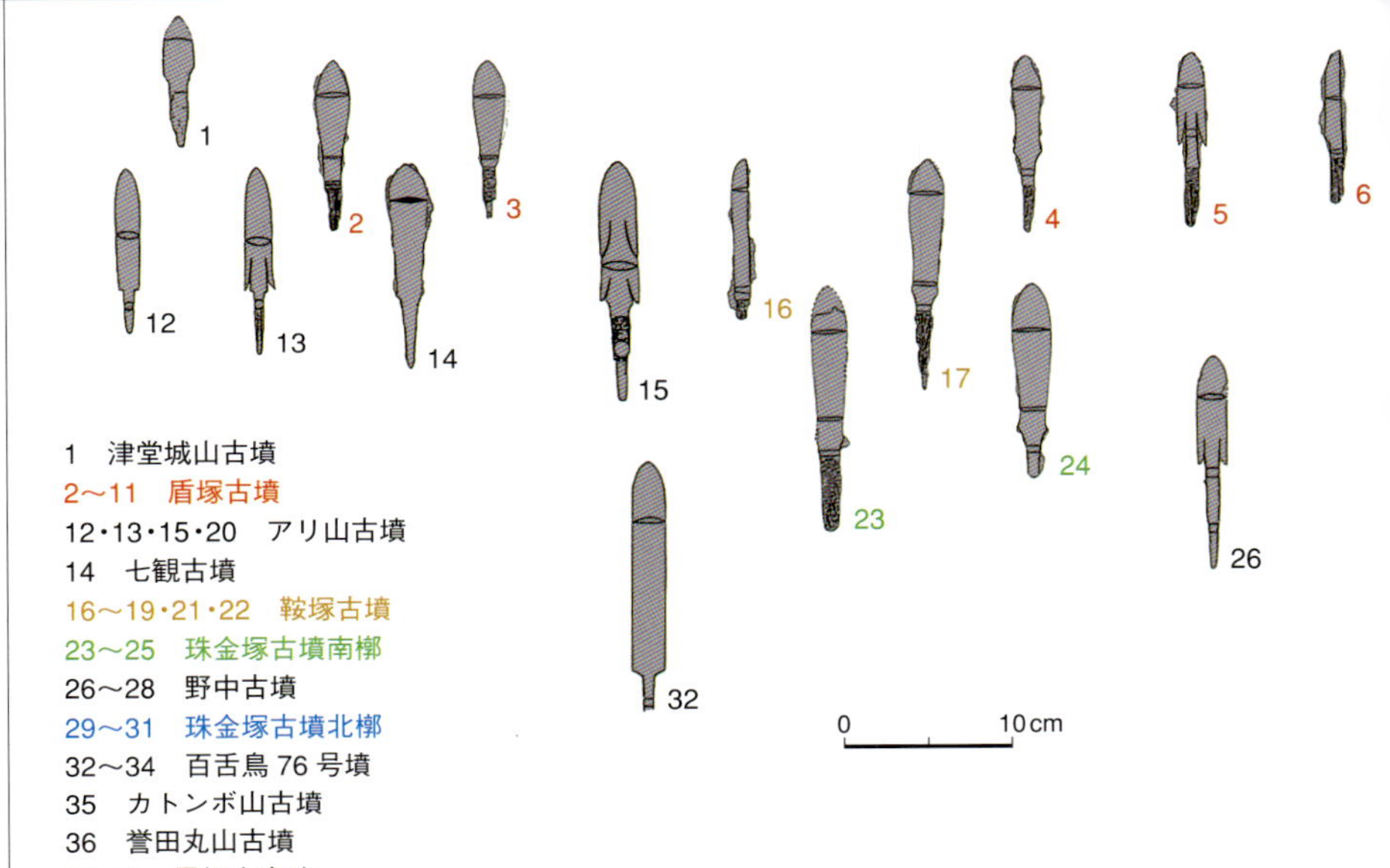

1　津堂城山古墳
2～11　盾塚古墳
12・13・15・20　アリ山古墳
14　七観古墳
16～19・21・22　鞍塚古墳
23～25　珠金塚古墳南槨
26～28　野中古墳
29～31　珠金塚古墳北槨
32～34　百舌鳥76号墳
35　カトンボ山古墳
36　誉田丸山古墳
37・38　黒姫山古墳

城山古墳から野中古墳までの武器の変遷を描き出すことができた。この武器の流れは、第4章で述べる農工具の流れと齟齬《そご》をきたさないことからも、大きな誤りはないと考えられた。

さらに、百舌鳥古墳群で出土する武器が古市古墳群と補完的な関係をもって推移していることが明らかになったこと、またその出土量が古市古墳群と百舌鳥古墳群以外の古墳の出土量を大きく上まわることから、中期の武器の開発、生産が両古墳群の勢力もとで一元的におこなわれていたという想定が、中期後半期をのぞいて具体的な資料をもって裏付けることができた。このことは重要な成果であった。

しかし、その成果はこれにとどまるものではなかった。百舌鳥古墳群に属する百舌鳥大塚山古墳や七観古墳を含めて、津堂城山古墳から野中古墳までの攻撃用武器である鉄鏃と、対する防御用武器である甲冑との対比によって、鉄鏃と甲冑はそれぞれ独自の発達を遂げるのではなく、つねに表裏一体の関係をもって推移していることが明らかになった。甲冑の出現が鏃身の大型化した重厚な平根系鉄鏃への形状の統一と量産化を招き、これが甲冑の生産の拡大と鋲留甲冑への移行を促すことになり、さらにこれを受けてより貫通力にすぐれた尖根系鉄鏃の導入へとつづく、両者の密接な関係を導き出すことができたのである。

実用武器の開発と生産

また、鉄鏃の形状がその機能を反映していると考えると、アリ山古墳・鞍塚古墳以降にみられる鉄鏃の形状の統一、つまり特定の機能が期待された鉄鏃の普遍化は、同時に攻撃の対象となる防御用武器の統一、普遍化が進んでいたことを示していることになる。古墳から出土する甲冑の量から想定される以上に、甲冑での武装が一般化していたことがうかがえるのである。

さらに、近年の東アジア的な視点で進められている武器の研究は、とくに鉄鏃にみられる形状の変化は、朝鮮半島の鉄鏃と軌を一にして起こっていることが指摘されており、三古墳四施設を含む古市古墳群と百舌鳥古墳群の武器の変化が、朝鮮半島情勢と密接な関係をもって推移していることが明らかになってきた。中期に入り、機能向上による変化を繰り返し、あわせて大量の武器が製作された背景に、朝鮮半島情勢への対応という差し迫った政治的・軍事的要因が存在していたことを具体的に検討することができる手がかりを得ることにもなった。

以上のことは、百舌鳥古墳群の勢力とともに古市古墳群の勢力が生み出した古墳時代中期の武器は、軍事学でいう「造兵《ぞうへい》」における「攻撃用武器と防御用武器の発達は、表裏一体の関係にある」という通則をあてはめることができる段階に達していたことを示している。つまり、古市古墳群と百舌鳥古墳群の勢力が生み出した武器は、既述したように、実用を第一義とした、まさに武器として開発、生産がおこなわれていたことを明らかにすることになったのである。このことは、武器の整理作業から得られたもっとも大きな成果であった。同時に、このことをもって、両古墳群の勢力が同一、ないしはきわめて親縁な関係にあったと考えることもできるようになった。

よって、以下の記述では、両古墳群の勢力全体にかかわる内容については、古市・百舌鳥古墳群の勢力と表記することにする。

第4章　古墳時代中期の探究

1　古市・百舌鳥古墳群という勢力

大和盆地東南部の勢力と古市・百舌鳥古墳群の勢力

古市・百舌鳥古墳群の勢力が生み出した武器が実用武器であったことが明らかになったことで、中期の武器から導き出される新たな研究領域が生まれた。

甲冑を中心とした武器の開発と生産、供給が古市・百舌鳥古墳群の勢力によって一元的におこなわれていたことから、その需給関係を分析することによって、当時の両古墳群の勢力とこれを取り巻く諸勢力との政治的・軍事的関係を判断することができるようになったのである。あわせて武器を基準にして、古市・百舌鳥古墳群との時間的な対比も可能になった。

ところで、甲冑は**図32**に示したように、中期であればどの古墳からでも出土するというものではなく、きわめて偏在性の高い副葬品である。ところが、この甲冑が出土した古墳の分布は、古墳時代前期に大和盆地東南部地域の勢力と強い関係をもったことを示す三角縁《さんかくぶち》神獣《しんじゅう》鏡《きょう》が出土する古墳の分布（図33）とは重ならない。

また、現在までのところ、前期後半に畿内政権の主導権を掌握していたと考えている佐紀《さき》・馬見《うまみ》古墳群の勢力では、中期に入って古墳の築造がつづく佐紀古墳群東群で三角板《さんかくいた》革綴短甲《かわとじたんこう》に使用された三角形の鉄板一枚が出土しただけで、馬見古墳群では中期の甲冑は出土していない。

この現象は、古市・百舌鳥古墳群の勢力が大和盆地東南部地域の勢力や佐紀・馬見古

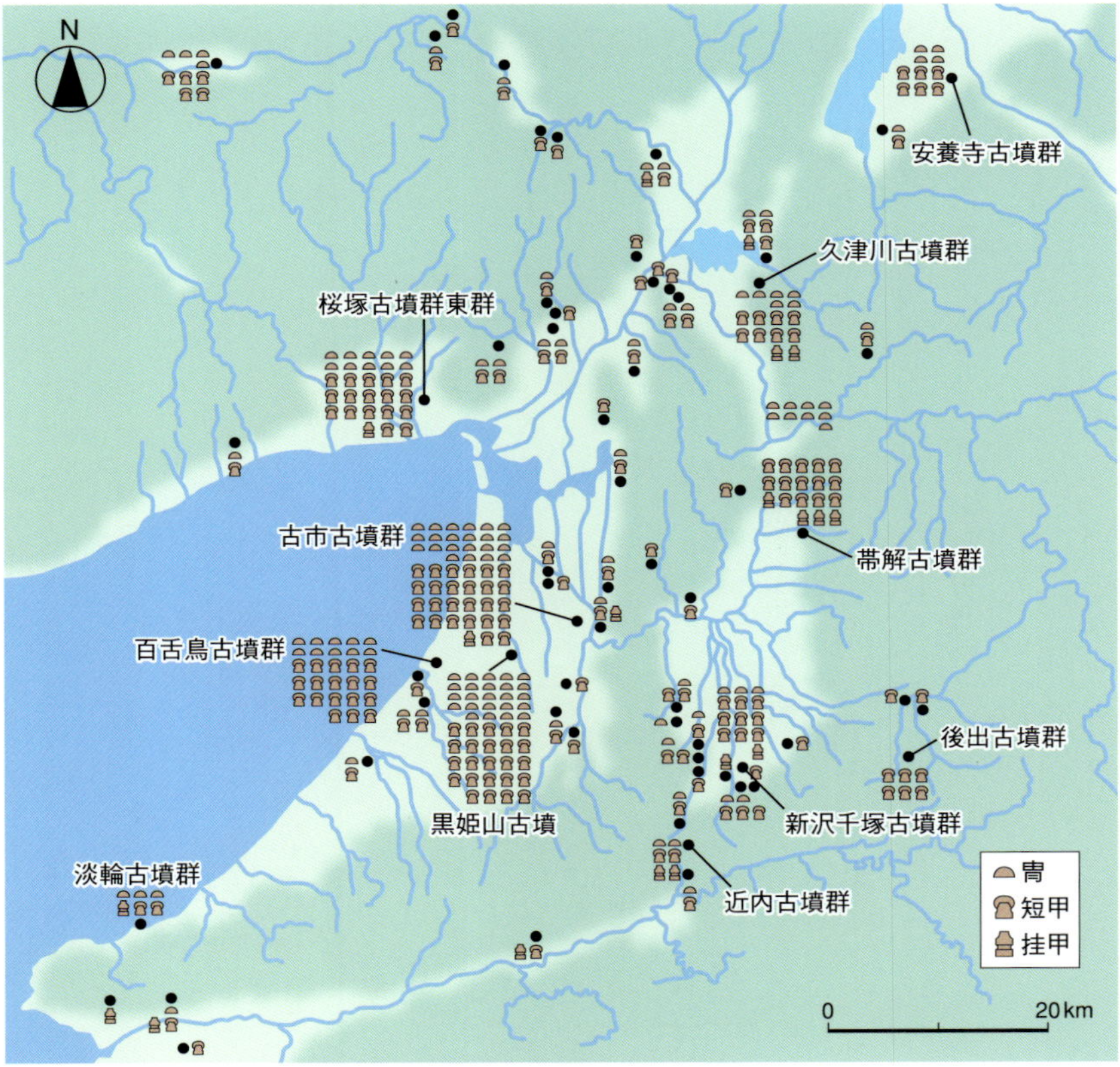

図32 ● 畿内およびその周辺地域の甲冑出土古墳の分布と出土量
甲冑出土古墳の分布にみられる偏在性と出土量の多寡は、最新の機能を備えた武器の供給がきわめて高い政治的・軍事的判断にもとづいておこなわれていたことを示している。

墳群の勢力、さらにこれらの勢力と強い結びつきをもっていた諸勢力に対して、武器の供給に関してある種の制限を設けるような相容れない関係にあったことを示している。

キャスティングボートを握った有力勢力

ところが、畿内において甲冑が出土している古墳のなかに三角縁神獣鏡を共伴《きょうはん》する古墳が存在する。奈良県室宮山《むろみややま》古墳・大阪府和泉《いずみ》黄金塚《こがねづか》古墳・京都府久津川《くつかわ》車塚《くるまづか》古墳などの中期前半から半ばに築造された有力

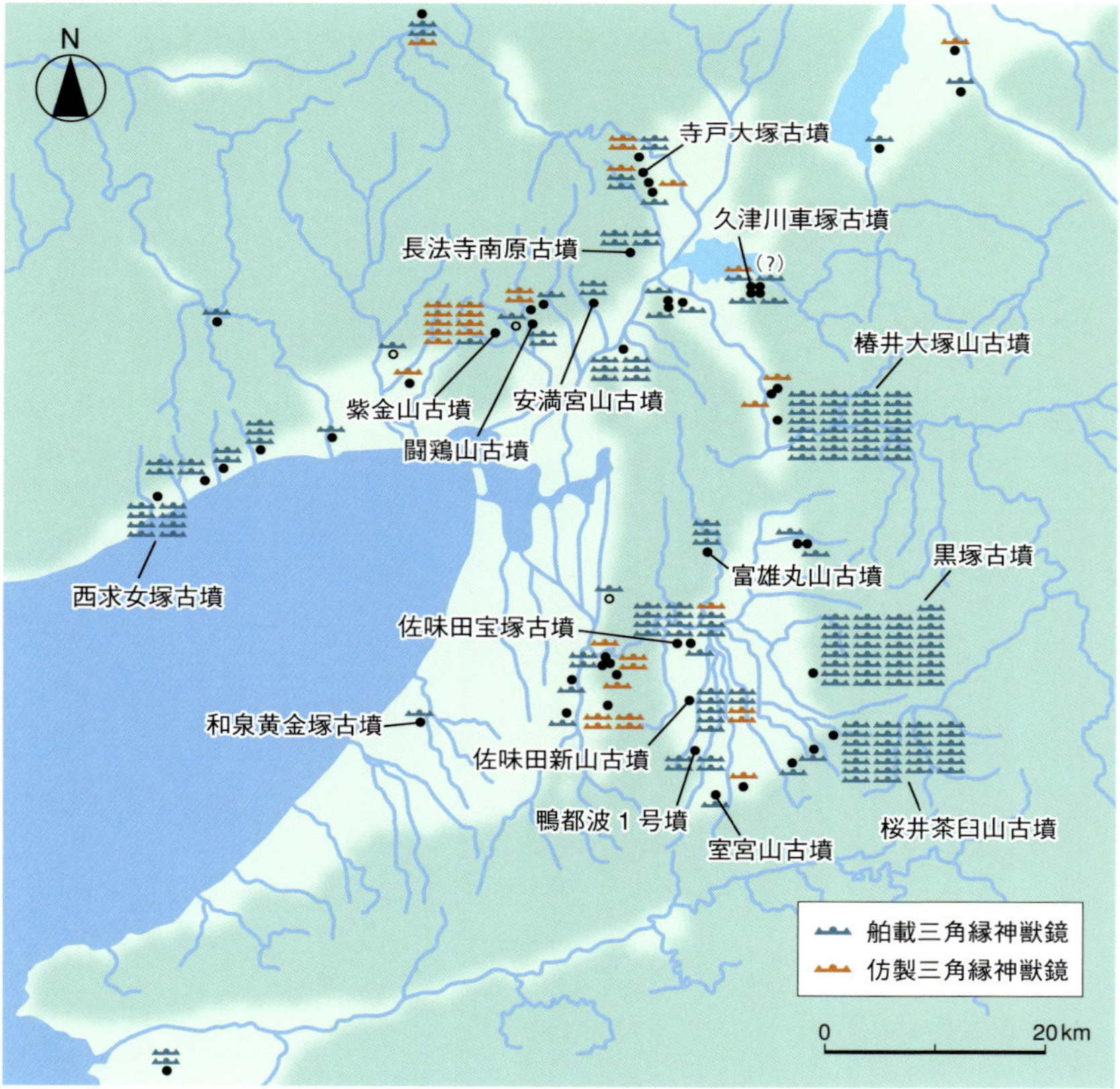

図33 ● 畿内およびその周辺地域の三角縁神獣鏡出土古墳の分布と出土量
甲冑出土古墳の分布との違いは、大和盆地東南部地域の勢力と古市・百舌鳥古墳群の勢力を支えた諸勢力が異なっていたことを示している(図中白丸は不確定)。

な七つの古墳である。

この特異な現象は、古市・百舌鳥古墳群という新興勢力の台頭が畿内の複数の有力勢力と無関係に生じたものではなく、ある種の連携を必要としたことを示している。一方で、古市・百舌鳥古墳群の勢力の台頭に対抗すべく、大和盆地東南部地域の勢力からも同様の勢力に対して三角縁神獣鏡を供与することによって関係を保とうとしたことのあらわれと考えられる。つまり、三角縁神獣鏡と甲冑の共伴という特異な現象から、畿内政権の主導権の交替に際してキャスティングボートを握った勢力が存在していたことを想定することができる。

このような中期の武器を手がかりにした分析は、畿内にかぎらず、日本列島全域を対象として適用することができ、当時の古市・百舌鳥古墳群の勢力と列島各地の諸勢力との政治的・軍事的関係を鮮明に浮かび上がらせることにも活用できるようになった。

2　武器に組み込まれた農工具

農工具の生産と改良

三古墳四施設から出土した鉄製品は、武器にかぎったものではない。武器とともに各種生産にかかわる鎌や手鎌、方形鋤鍬先やU字形鋤鍬先、刀子や斧、鉇《やりがんな》や鑿《のみ》などといった多様な農工具が出土した。農工具は、同じ鉄製品である武器にくらべ、ややもすれば軽くみられがちである。しかし、当時の畿内政権の中枢勢力であった古市・百舌鳥古墳群の勢力にとって、生産基盤の整備や生産性の向上に直接結びつく農工具の製造と改良は、社会発展に欠かすことができないきわめて重要な課題のひとつであった。

卜部《うらべ》行弘《ゆきひろ》氏を中心に進められた三古墳四施設の農工具、とくに鎌と鋤鍬先によって、武器と同様に古市古墳群でこれまで空白であった部分を埋めることができた。

直刃鎌から曲刃鎌へ

まず鎌からみてみよう（図34）。古市古墳群ではアリ山古墳で刃がまっすぐな直刃鎌《ちょくじんがま》と刃の湾曲した曲刃鎌《きょくじんがま》が共伴し、形状が判明する半数が曲刃鎌であったことが知られていた。前期の段階では直刃鎌で、古市古墳群で曲刃鎌への変化が確認できたのはアリ山古墳が唯一であった。三古墳四施設のうち、盾塚古墳は直刃鎌で占められており、鞍塚古墳では鎌は一点しか出土しなかったがこれが曲刃鎌で、珠金塚古墳南槨・北槨でも曲刃鎌が出土した。このことによって、直刃鎌から曲刃鎌への変化は、アリ山古墳の段階で起こっていたことが追認されるとともに、鞍塚古墳の築造時期が鉄鏃でみられたと同様に、アリ山古墳の時期を上限にしてこれより後出であることが想定された。

方形鋤鍬先とU字形鋤鍬先

鋤鍬先については、野中古墳で方形鋤鍬先とU字形鋤鍬先が共伴することから、古市古墳群では野中古墳で出土したU字形鋤鍬先がもっとも時期がさかのぼる可能性が指摘されていた。

三古墳四施設のうち、方形鋤鍬先は鞍塚古墳では出土せず、盾塚古墳と珠金塚古墳南槨・北槨で出土した。しかし、U字形鋤鍬先はみられなかった。このことから、古市古墳群でのU字形鋤鍬先の出現は、指摘どおり野中古墳の段階にあたると考えられた。

朝鮮半島に近い北部九州地域では、畿内に先行して曲刃鎌やU字形鋤鍬先の導入がみられるが、古市古墳群の勢力のもとでもその機能更新と生産が確実に進んでいたことが明らかになった。

また、三古墳の築造順序についても、甲冑と鉄鏃の検討から導き出されたのと同様の結果が得られた。

武器に組み込まれた農工具

当時の農工具の研究では、各種の生産を象徴する役割をもってそ

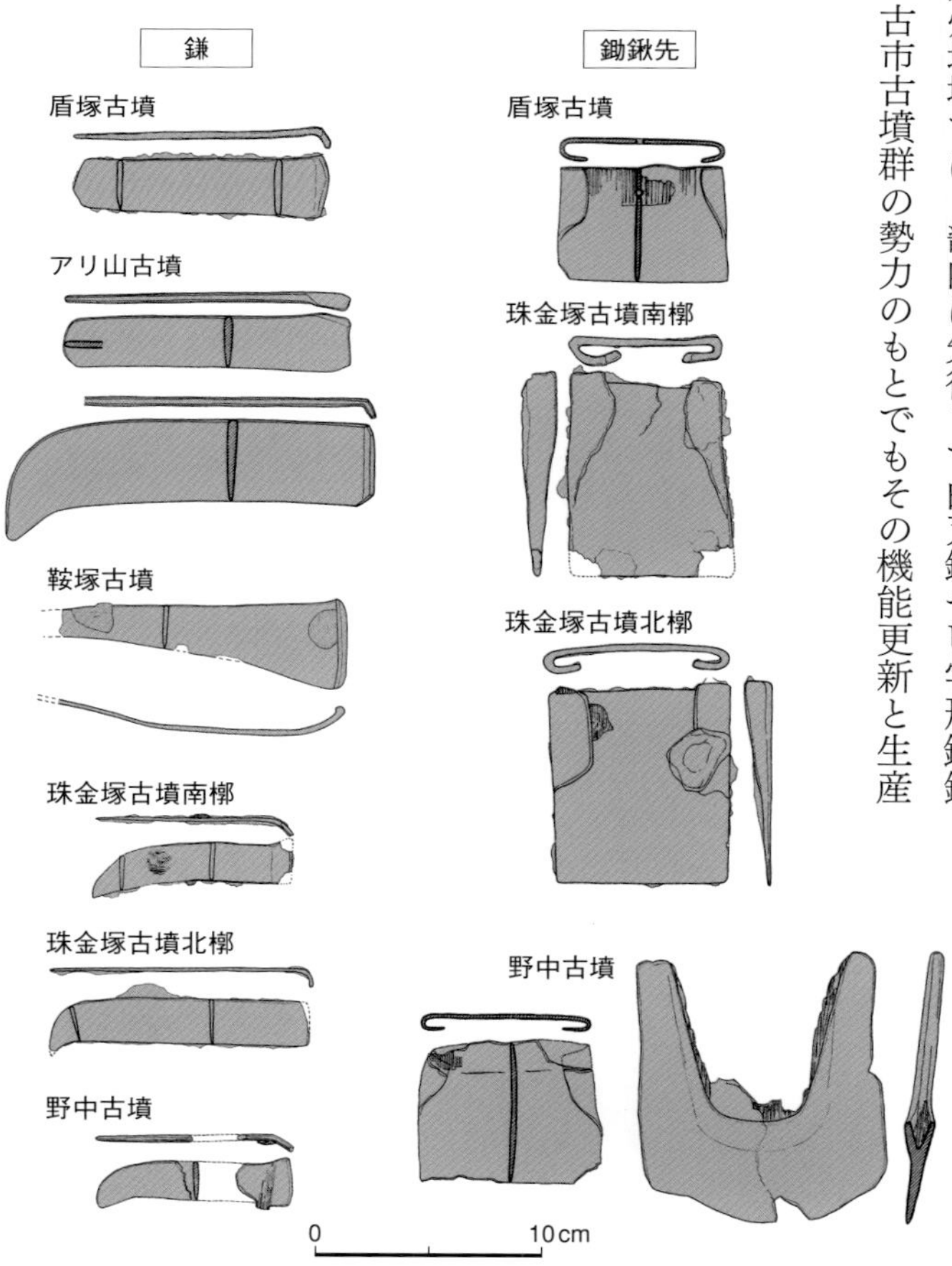

図34 ● 鎌と鋤鍬先の変遷
鎌は刃がまっすぐな直刃鎌から湾曲した曲刃鎌へと、
鋤鍬先は方形鋤鍬先からU字形鋤鍬先へと変化する。

の副葬が考えられていた。しかし、これ以外にも農工具が使用される場の存在が明らかになった。古墳時代中期に築造された奈良県後出《うしろで》古墳群二号墳や三号墳では、副葬品のほぼすべてが甲冑を含む武器で占められるなかに、少量の鎌や斧、鉇や鑿といった農工具がともなっていた。調査を担当した関川尚功《せきがわひさよし》氏はこの現象に注目し、奈良時代の律令軍団制の装備に関する「軍防令備戎具条《ぐんぼうりょうびじゅうぐじょう》」に、兵士は武器以外に移動や駐留に対応できるように農工具などをもつことが定められていることに注目して、武器組成に組み込まれた農工具が古墳時代中期にさかのぼって存在する可能性を指摘したのである。

　このような農工具の存在は後出古墳群に限られたものではなく、中期に入って新たに台頭する、とくに武器の副葬に特化した一部の新興中小古墳群を中心にしてみられる現象であることが明らかになってきた。つまり、農工具が組み込まれた装備の存在から、古市・百舌鳥古墳群の勢力が、それまでにはなかった遠距離の移動や、長期間の駐留をともなう軍事活動を必要とする課題に直面していたこと、さらに、両古墳群の勢力のもとにこのような軍事活動に対応できる人びとが出現していたことを導き出せるのである。

3　三古墳それぞれの特異性と鏡の問題

盾と櫛と玉

三古墳の副葬品は、ともに武器や農工具という鉄製品に最大の特徴がある。これに加え、既述したように、古墳名の由来となった「それぞれ注目すべき遺物」が含まれていた。これらの副葬品は、その築造時期の違いや、それぞれの被葬者がもった特質をあらわす要素と考えられた。

まず盾塚古墳で出土した盾である。末永先生は、報告書に寄せた序文で「盾塚・鞍塚・珠金塚が示す考古学上の意義のうち鞍塚、珠金塚は他の多くの古墳調査とは変らない。しかし盾塚は、同じ古墳遺物として盾の使用だけを見ることのできない文化的内容をもっている」と述べ、盾塚古墳の埋葬施設が多数の盾で覆われていた現象に強い関心を示していた。盾塚古墳の墳丘痕跡の調査では、量は限られていたが盾形埴輪を含む器材形埴輪《きざいがたはにわ》が出土し、埋葬施設がこれらによって囲繞されていた可能性も考えられる。盾による埋葬施設の被覆自体も、基本的には邪なるものから遺骸を護る「辟邪《へきじゃ》」という行為によって理解できるものと考えられた。

ところが、勝部氏は甲冑と盾との共伴関係に注目し、両者がきわめて密接な関係にあることを指摘した。甲冑と盾との共伴関係という現象は、盾塚古墳での葬送儀礼という枠にとどまらず、本来両者が一体の関係にあることを示唆

図35●盾塚古墳副葬の鏡に付着した竪櫛
竪櫛は、細い竹ひごを並べ、中央で結束したものをU字形に湾曲させることによって歯をつくり出し、頭部に木皮を巻きつけて漆で固めたものである。

するものであった。この勝部氏の指摘は、その後、中期の盾が甲冑とともに古市・百舌鳥古墳群の勢力との結びつきを象徴する威信財《いしんざい》としての役割をあわせもったとする考えに発展することになる。

また、このような葬送儀礼に関連する資料として、やはり盾塚古墳で出土した総数一五〇点にもおよぶ多量の櫛がある（図35）。櫛については、整理作業に参加した徳田誠志《とくだまさし》氏が、とくにその大きさや数の分析から、盾塚古墳のように多量の櫛が出土する場合には、小型の櫛が多いことを指摘し、実用品としてではなく葬送儀礼にかかわる用途を想定する考察を報告書に寄せた。

伊藤雅文《いとうまさふみ》氏を中心にして整理が進められた玉類でも同様のことが看取できる。鞍塚古墳と珠金塚古墳南槨・北槨では、装身具としての玉類以外に、千を単位とするような多量のガラス玉や滑石製臼玉《かっせきせいうすだま》が出土している（図36）。これらは、逆に前期的な色彩を残す盾塚古墳ではみられなかった新たな葬送儀礼にともなうものと考えられた。また、珠金塚古墳の古墳名の由来となった北槨の金製玉類は、歯とともに長径五センチ、短径四センチという大きな金製空玉《うつろだま》が一点、右手玉《てだま》を構成するものとして金箔ガラス玉（一三点）と金製空玉（一二点）が出土した（図37）。当時は、そのめ

図36 ● 珠金塚古墳南槨出土のガラス玉
出土したガラス玉は、濃紺ないしは青緑色の丸玉・平玉・粟玉で、総数は4600点にもおよぶ。

ずらしさだけに目が奪われ、朝鮮半島との関係といった視点をもって考えることができていなかった。

鞍塚古墳の馬具と馬匹生産

鞍塚古墳では、その古墳名の由来となった鞍金具以外に、轡《くつわ》・鐙《あぶみ》・雲珠《うず》・鉸具《かこ》・辻金具《つじかなぐ》と用途不明の鉄製品を含む整った馬具が出土した（図38）。報告書刊行以前に鞍金具の写真が公表されていたこともあり、多くの研究者に注目され、七観古墳の馬具とともに、当時朝鮮半島から搬入された日本列島でもっとも古い馬具として位置づけられていた。

さて、整理作業がはじまってまもなく、韓国嶺南《ヨンナム》地域での古墳の調査が本格化し、馬具に関しても新たな情報が逐次日本へも伝えられ、その研究が活発化した。馬具の整理は服部聡志《はっとりさとし》氏を中心にして進められ、報告書には当時の最新の資料を取り入れた考察を寄せている。

古市古墳群では、国宝に指定されている誉田丸山古墳の馬具が有名であるが、それ以外にも、中期後半の長持山古墳・唐櫃山古墳・藤の森古墳、後期に入る峯《みね》ヶ《が》塚《づか》古墳で馬具が出土して

図37 ● 珠金塚古墳北槨出土の金製空玉
金製空玉は大（6.5mm：4点）・小（2.5mm：8点）があり、ガラス製丸玉（11点）・同小玉（2点）・環状ガラス玉（5点）・金箔ガラス玉（13点）とともに被葬者の右手玉を構成していた。

いる。しかし、鞍塚古墳の後続古墳である珠金塚古墳では、馬具の副葬はなかった。また、特定の物品の埋納を主眼とする陪塚であるアリ山古墳や野中古墳でも馬具は副葬の対象になっていない。

このことは馬具そのものの存在だけでなく、古市古墳群の勢力が馬を活用することができる段階に入っていたことを示しており、軍事組織の編制を考えるうえでも重要な指標になる。

軍事に関していえば、馬の導入は攻撃力の飛躍的な向上をもたらすものであり、また駄獣《だじゅう》や輓獣《ばんじゅう》としての役割も期待できる。その反面、その維持に大きなコストがかかる。馬匹《ばひつ》生産となると、広大な土地を必要とする牧《まき》の経営はもとより、馬の生産や調教などにきわめて高い技術が要求されることが指摘されている。馬の

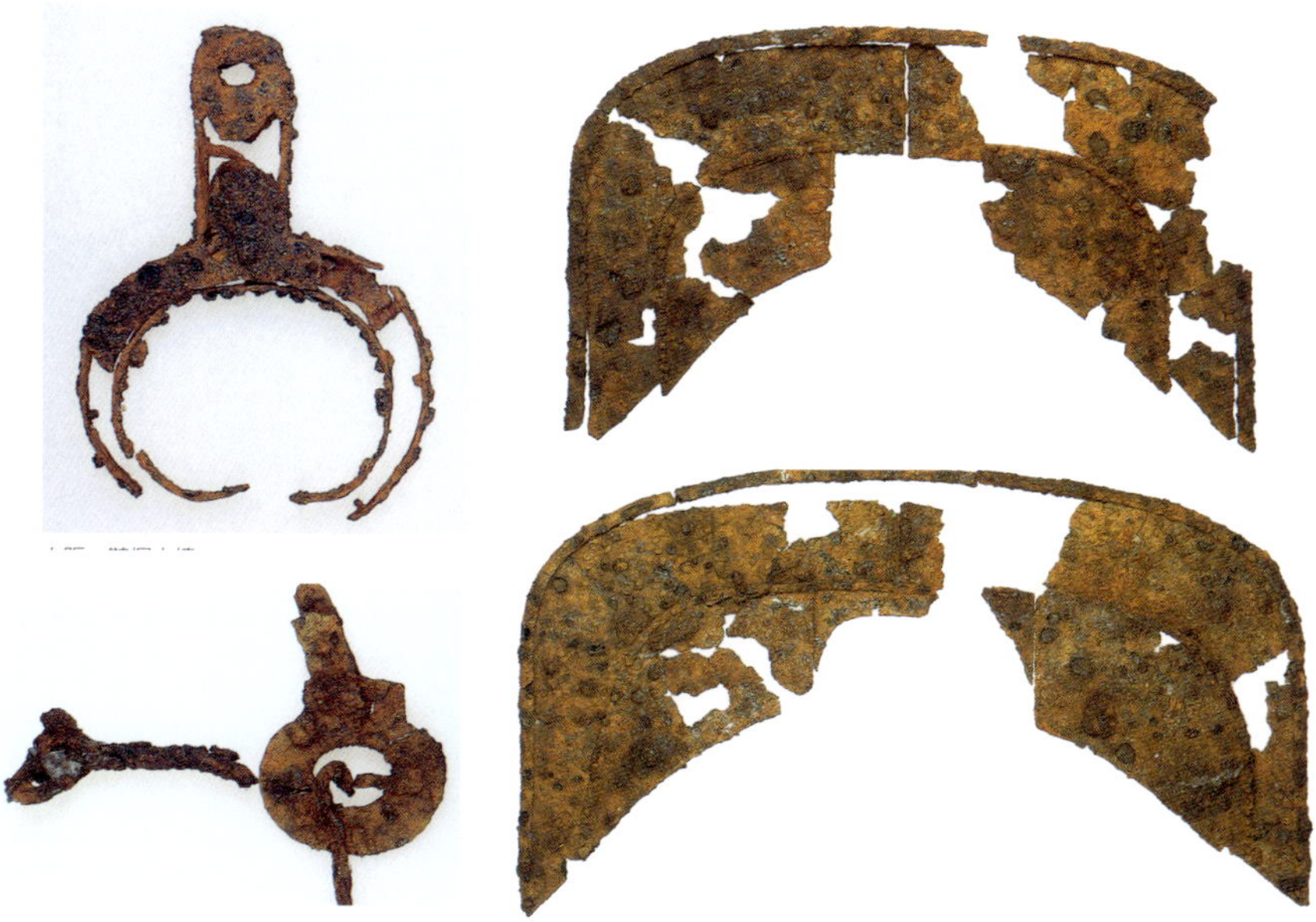

図38 ● 鞍塚古墳出土の馬具
鞍金具は小さい前輪（右上）と大きい後輪（右下）、鐙（左上）は曲げた木を鉄板で覆った木心鉄板張輪鐙とよばれるもので2個体、轡（左下）は鏡板・銜・引手から構成される。

導入、さらに組織的な馬匹生産は、畿内政権の直接的な関与なくしては成立、維持しえないものである。現在のところ、大阪府蔀屋北《しとみやきた》遺跡などの調査によって、組織的な馬匹生産の開始が中期半ばまで遡上してきた。鞍塚古墳の馬具は、馬匹生産の開始と結びつけて考えることができるかは、今後の課題でもある。

残されていた三古墳の鏡の問題

以上のように、三古墳四施設の副葬品は、共通する要素と異なる要素から構成されている。そのなかに、報告書作成当時、気になる現象でありながら十分な検討ができなかった課題があった。三古墳四施設から出土した鏡である（図39）。

盾塚古墳では、築造が古市古墳群の早い時期にあたることもあって、石釧のような前期に盛行した副葬品もみられたが、鞍塚古墳では前期的な色彩が払拭されている。ところが、三古墳四施設では、珠金塚古墳南槨をのぞいて、古墳の築造時期よりも古い鏡が継続して副葬されていた。

三古墳四施設でもっとも新しい時期に築造された珠金塚古墳北槨の二面の鏡がもっとも古く、中国からもたらされた鏡（画文帯神獣鏡《がもんたいしんじゅうきょう》・方格規矩鏡《ほうかくきくきょう》）。盾塚古墳の鏡（六獣形鏡《ろくじゅうけいきょう》）と鞍塚古墳の鏡（方格規矩鏡）は前期に、珠金塚古墳南槨の鏡二面（四獣形鏡《しじゅうけいきょう》）は中期に日本列島で製作された鏡とされている。現代人的な感覚といわれるかもしれないが、三古墳のなかでもっとも新しい珠金塚古墳（北槨）から、もっとも古い鏡が出土したことに違和感があった。

まず、古墳の築造時期よりも古い鏡と中期の甲冑が共伴する現象について詳しく検討した上野《うえの》祥史《よしふみ》氏の考えを紹介して、この問題について考えてみよう。

鏡の伝世

上野氏は、古墳の築造時期とかけ離れた古い鏡の副葬に関する研究を踏まえ、供与された勢力（地域）のもとで伝世《でんせい》という世代を超えて長く保有されていた鏡が、甲冑の副葬を契機にして副葬されはじめたという考えを示した。その具体的な事例のひとつとして、相

盾塚古墳・六獣形鏡（径 20.9cm）

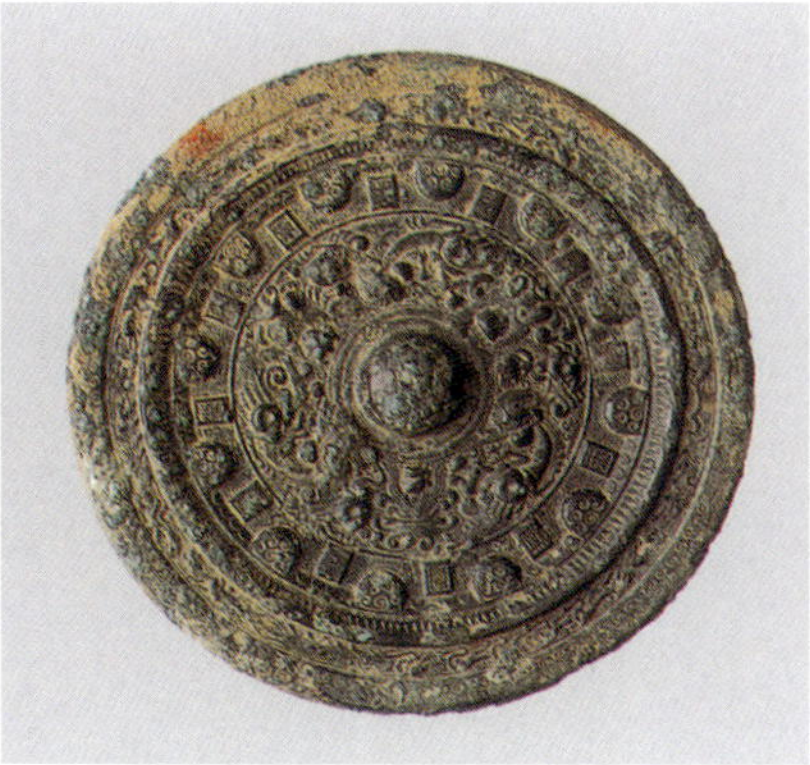

珠金塚古墳北槨・画文帯神獣鏡（径 14.1cm）

鞍塚古墳・方格規矩鏡（径 14.1cm）

珠金塚古墳南槨・四獣形鏡（径 12.0cm）

図39 ● 盾塚・鞍塚・珠金塚古墳出土の鏡
盾塚・鞍塚・珠金塚古墳（北槨）では、古墳の築造時期よりも古い鏡が出土した。

互に近接して、築造時期も近いことから、被葬者間になんらかの関係があったとの想定のもとに、盾塚・鞍塚・珠金塚古墳北槨の鏡を取り上げている。上野氏の考えにしたがえば、古墳時代前期にのちにこれらの被葬者が属することになる勢力のもとへ供与された鏡が、あるものは二〇〇年を超える長期間にわたって伝世され、中期に入り盾塚古墳、鞍塚古墳、珠金塚古墳北槨の副葬品として順次継続して副葬されたことになる。

古市古墳群では、三古墳以外に、津堂城山古墳や岡《おか》古墳でも古墳の築造時期より古い鏡が出土している。では、古市古墳群の勢力は、中国からもたらされた鏡を含む複数の鏡を数世代にわたって継続して供与されるような勢力でありながら、しかも突如として全長二〇〇メートルの大型前方後円墳、津堂城山古墳を築造する力をもつ勢力でありながら、それまで古墳を築造しなかった勢力なのであろうか。それともこのような鏡を供与されるような勢力でありながら、何らかの理由によって古墳をつくることができなかったのであろうか。

たとえば、畿内を対象にしてみた場合でも、古墳時代前期前半以降、供与された鏡を順次副葬する古墳を継続して築造する勢力がある一方で、既述した中期の畿内を代表する有力古墳である室宮山古墳や和泉黄金塚古墳、また久津川車塚古墳などのように、中国からもたらされた鏡を含む複数の鏡を、なかには二〇〇年を超える長期間にわたって継続的に供与されながら、古墳を築造しなかった、ないしはできなかった勢力が併存していたことになる。この状況は、あまりにも不自然に思えてならない。

古市古墳群の勢力が台頭した段階、あるいはその後を含めて、新たに古い鏡が供与され、あるものは勢力内で鏡の分与が生じ、その鏡が順次副葬されと考えるほうがより合理的であるように思える。もとより、鏡の伝世を否定するつもりはない。上野氏は受容者側で伝世を考えるが、供与主体者側での伝世という可能性も考えられてよい。

古市古墳群で出土した鏡の製作者

つぎに、古市古墳群で出土しているいくつかの鏡に関して、林正憲《はやしまさのり》氏と福永伸哉《ふくながしんや》氏の考えを紹介してみよう。

林氏は、古墳時代前期の倭製鏡《わせいきょう》の詳細な検討から、「伝統鏡群」と「新興鏡群」という系譜の異なるふたつの鏡群の存在を指摘し、伝統鏡群の製作主体者を大和盆地東南部地域の勢力、新興鏡群の製作主体者を佐紀古墳群の勢力とし、佐紀古墳群の勢力がこの新興鏡群の鏡を各地に配布するという独自の活動を展開することによって、大和盆地東南部地域の勢力に対して自らの政治的影響力の拡大を図ったとする。そして、この佐紀古墳群の勢力によって配布されたとする鏡が、盾塚古墳で出土した六獣形鏡であり、岡古墳の四獣形鏡である。

また福永氏は、前期におけるいわゆる倣製《ぼうせい》三角縁神獣鏡以外の倣製神獣鏡を「新式神獣鏡《しんしき》」とし、三角縁神獣鏡との共伴関係が限られていることをひとつの根拠として、これを大和盆地東南部地域の勢力にかわって畿内政権の主導権を握っていった大和盆地北部および河内の新興勢力の手によって製作、配布された鏡としている。古市古墳群では、津堂城山古墳から出土している三面の倣製神獣鏡がこれにあたる。

林氏や福永氏の考えについてその成否を判断する力をもたないが、古市古墳群の早い段階にある盾塚古墳や岡古墳に、さらに津堂城山古墳に、佐紀古墳群の勢力が創出した新興鏡群とする鏡や大和盆地北部および河内の新興勢力が生み出したとする新式神獣鏡が副葬されていることは、きわめて興味深い現象であり、魅力的な見解である。

個人的には、佐紀古墳群の勢力は、馬見古墳群の勢力と連携し、古墳時代前期後半の段階に畿内政権の主導権を掌握していたと考えている。古市・百舌鳥古墳群の勢力の台頭にあわせて、佐紀・馬見古墳群の勢力からこのような鏡が供与されたとすれば、両勢力の展開についてきわめてスムースな理解が可能である。前期後半の佐紀・馬見古墳群の勢力から中期の古市・百舌鳥古墳群の勢力へ畿内政権の主導権が移動することを考えるうえでも有効な資料といえる。

4　古市古墳群の変遷と三古墳

古市古墳群の古墳構成とその分析

古市古墳群や百舌鳥古墳群というと、どうしても誉田御廟山古墳や大山《だいせん》古墳に目を奪われてしまう。しかし、畿内では全長二〇〇メートル級の前方後円墳はなにも両古墳群に限られているわけではない。たしかに大型前方後円墳は、その被葬者、またはその被葬者によって代表される勢力がもった影響力をはかる有効な指標のひとつではあるが、古墳の規模だけを手がかりにするだけでは十分とはいえない。大型前方後円墳と併存する数多くの中小規模古墳を含めた古墳群としての評価が不可欠である。

既述したように、古市古墳群は一二六基の古墳が存在したといわれ、大型前方後円墳や相対的に規模が劣る中規模古墳、また小規模古墳に加え、特定の古墳に帰属する陪塚によって構成されている。このような構成は、古市古墳群の勢力の構造を、正確にとはいわないまでも、反映したものと考える。以下この観点からみてみよう。

まず、古墳群を構成する古墳を大きく「主墳《しゅふん》」と「陪塚」に区分する。「主墳」とは、人体埋葬を主眼とする古墳で、墳丘の規模や形状、あるいは埋葬施設や副葬品などによって、恣意的であるが、「大型主墳」・「中型主墳」・「小型主墳」の三つに区分する。

一方「陪塚」は、特定の「主墳」に対して計画的に配置されたと考えられるような、強い結びつきが想定される古墳である。古市古墳群では、市野山《いちのやま》古墳の「陪塚」である長持山古墳や唐櫃山古墳のように人体埋葬を主眼とした「陪塚」と、誉田御廟山古墳の「陪塚」であるアリ山古墳のように特定物品の埋納を主眼とした「陪塚」がある。

ただし、「中型主墳」と「小型主墳」、「小型主墳」と「陪塚」の判断についてはむずかしい問題もある。たとえば、岡ミサンザイ古墳の東側に近接して築造されていた一辺三三メートルの方墳、岡古墳は、従来その「陪塚」と考えられていた。ところが、調査によって岡ミサンザイ古墳に先だって築造された「小型主墳」であることが判明した。とくに、「陪塚」の判断については、最終的には発掘調査などによって「主墳」との同時代性などが明らかになった時点でおこなわれるべきであるが、ここではその位置関係にもとづいて判断することにする。

古墳群の変遷と三古墳の位置づけ

図3に示したように、古市古墳群では、「大型主墳」は津堂城山古墳、これにつづいて仲津山古墳、さらに誉田御廟山古墳と、順次その規模を拡大させながら築造されていく。これに反して、古室山古墳のような全長百数十メートルの規模をもって築造されてきた「中型主墳」は、誉田御廟山古墳の築造を境に規模が急速に縮小し、「大型主墳」との格差が拡大するとともに、その数が減少する。その一方で、「小型主墳」や「陪塚」は、時期を追うごとにその比率が高くなっていく。

古市古墳群でみられる古墳群の構成の変化は、「大型主墳」の被葬者が勢力内で自らの権能をより強く発揮するために中間層の力をそぎ、一方で自らの意図を忠実に履行していく直属層となる「陪塚」や「小型主墳」の被葬者を膝下に収めていくという、権力集中の過程を示している。

このような古市古墳群の構成の変化を踏まえ、あらためて三古墳の位置づけについて考えてみよう。

隣接して位置した三古墳は、七三メートルの帆立貝形古墳、盾塚古墳、五一メートルの帆立貝形古墳、鞍塚古墳、さらに一辺二五～二七メートルの方墳、珠金塚古墳という築造順序が確定できた。このことから、時期を追うごとに墳丘の規模が縮小するとともに、帆立貝形古墳から方墳へ変化したことがわかった。しかし、三古墳でみられた埋葬施設や副葬品は、これまで紹介してきたように、墳丘の規模や形状と連動することなく、ほぼ同等の内容をもって推移している。一方で、三古墳が隣接して築造されていたことから、その被葬者間に古墳群内のほかの古墳にくらべ近しい関係にあったことも想定された。

三古墳の墳丘の規模の縮小や形状の変化は、誉田御廟山古墳の築造を境にしてはじまる勢力内での中間層の後退、つまり「中型主墳」の規模の縮小に連動した現象であると考えられる。古市古墳群の形成がはじまった段階では、盾塚古墳のような「中型主墳」の位置にあった古墳が、「大型主墳」の被葬者への権力の集中にしたがって、鞍塚古墳の墳丘規模の縮小にみられるように勢力内での相対的な地位の低下が生じ、さらに珠金塚古墳のような「小型主墳」に姿を変えていったという可能性である。

このように三古墳の被葬者は、盾塚古墳以降、勢力内での相対的な位置を低下させながら、埋葬施設や副葬品にみられる内容から、「大型主墳」の被葬者をとくに軍事という面で支える役割を継続して担ったものと理解したい。

古市古墳群の巨大な勢力

ところで、古墳時代中期をとおして、「大型主墳」・「中型主墳」・「小型主墳」・「陪塚」という四つの要素から構成される古墳群は、古市古墳群と百舌鳥古墳群以外では、佐紀古墳群東群だけである。しかし、古市・百舌鳥古墳群と佐紀古墳群東群との間には、古墳群を構成する古墳の数、また「大型主墳」の規模、さらに「陪塚」をもつ「中型主墳」の存在などから、大きな格差がある。

一方、京都府久津川古墳群の久津川車塚古墳のように限られた「大型主墳」が「陪塚」をもつ古墳群や、馬見古墳群中央群のように「大型主墳」・「中型主墳」・「小型主墳」から構成される古墳群、また大阪府淡輪《たんのわ》古墳群のように「大型主墳」・「中型主墳」・「陪塚」から構成される古墳群はある。しかし、その構成は、いずれも古市古墳群や百舌鳥古墳群におよぶものではない。

このような古墳群の構成がそれぞれの勢力の構造の違いを反映したものであったとすると、中期の大型古墳群を形成した勢力のなかにあって、古市・百舌鳥古墳群の勢力はより複雑な構造をもっていたことになる。その変化は、社会の発展に即応して進む組織の拡大とその分化の推移、さらに「大型主墳」の被葬者への権力集中の過程を反映したものと考えられる。古墳時代中期にあって、両古墳群の勢力は、個々の古墳の規模や埋葬施設、また副葬品の内容などにとどまらず、古墳群の構成から想定される勢力の構造の面でも、他の追随を許さない大きな影響力をもった勢力であったといえる。

他の勢力にみられない複雑な構造をもつ勢力に成長した背景には、さまざまな要因が存在したことであろう。三古墳の副葬品の内容から考えられる軍事や外交といった政治的課題への対応、また農業生産の拡大や鉄器生産をリーディング産業とする各種生産の専業化とその管理、さらにそれによって生み出された各種製品の輸送や需給調整にかかわる社会基盤の整備と維持など多岐にわたるシステムを構築、運営していく組織の必要性が、古市・百舌鳥古墳群の勢力に求められたことによるものと考える。

第5章　東アジアのなかの古市古墳群

1　朝鮮半島との軍事的関係

第2章で紹介したように、盾塚・鞍塚・珠金塚三古墳それぞれには、同時期の古墳では一般にみられない特殊な副葬品が含まれている。盾塚古墳で出土した筒形銅器やものを挟む鑷子《じょうし》状鉄器であり、珠金塚古墳南槨の農具の一種である鏟形《さんがた》鉄製品であり、珠金塚古墳北槨の鎹《かすがい》などである。これらの副葬品や器具は、製作地が朝鮮半島であったかどうかはともかく、いずれも朝鮮半島との関係を強く示すものである。

このような副葬品は、三古墳四施設の被葬者が共通してもった特質のひとつでもある。彼らは古市古墳群を構成する中小規模古墳の被葬者でありながら、古市古墳群内はもちろんのこと、畿内でもおさまるものでなく、中期の畿内政権の主導権を掌握した古市・百舌鳥古墳群の勢力を実質的に支えた人びとであり、朝鮮半島を含めたなかで位置づけられるべき存在である。

盾塚古墳と筒形銅器

盾塚古墳で出土した筒形銅器（図40）は、多数の櫛・鑷子状鉄器・銅鈴・鉇《やりがんな》が集中した、遺骸の頭部上方にあたる四〇センチ四方の範囲の中に置かれていた。内部には滑石製の管玉が入れられ、口縁部内側に木質が遺存していたことから、共鳴機能をもつ短い柄をつけた威儀具の装飾物として副葬されていたと考えられる。

筒形銅器は、多くが長さ十数センチ、直径は二センチ前後、壁体の厚みが二ミリほどときわめて薄い円筒形の青銅器である。日本列島ではヤリや鉾の石突《いしづき》として古墳時代前期半ばに出現し、前期後半にもっとも大きな広がりをもち、その後威儀具の装飾物としてその用途を変化させながら中期前半に終焉を迎える。従来、日本列島で製作された器物として考えられていたが、一九八〇年代に入り、韓

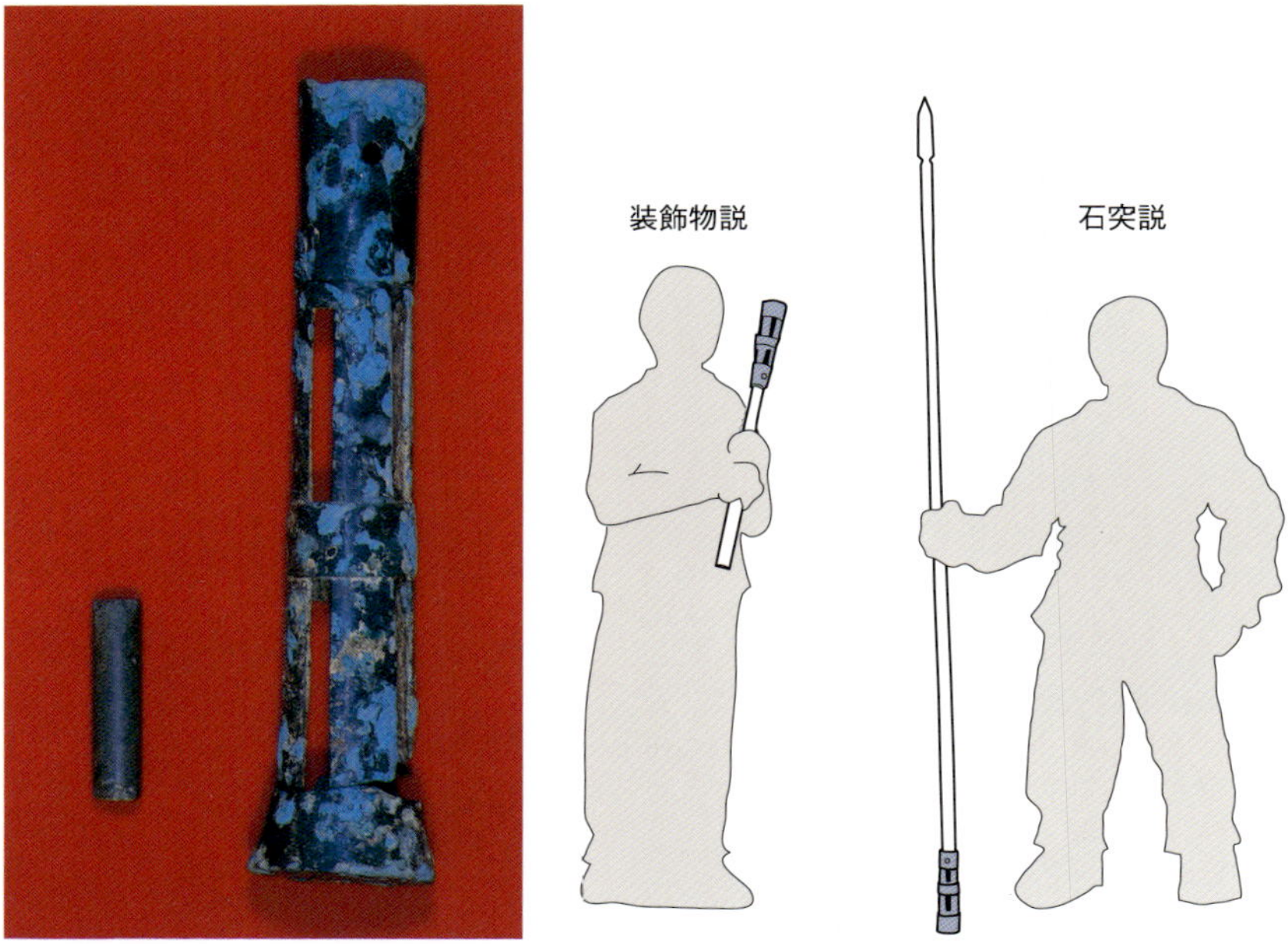

図40 ● 盾塚古墳出土の筒形銅器と筒形銅器の使用法
日本列島では、筒形銅器は当初、ヤリや鉾の石突として使用されたが、時期が新しくなるにしたがって威儀具の装飾物へと用途を変えていく。

国釜山市福泉洞《ポクチョンドン》古墳群での調査で筒形銅器が出土し、さらに金海市大成洞《テソンドン》古墳群や同良洞里《ヤンドンニ》古墳群でも出土が相次ぎ、日本列島と朝鮮半島を結ぶ重要な資料として注目を浴びるようになった。

　現在、筒形銅器は日本列島では畿内を中心に、東は埼玉県から西は熊本県まで約五〇古墳から出土し、出土地不詳の筒形銅器を含めると七五本の存在が知られている。一方の朝鮮半島では東南部地域の大成洞古墳群など限られた地域に集中し、その数は近年の出土例の増加によって日本列島を上まわる数になっている。

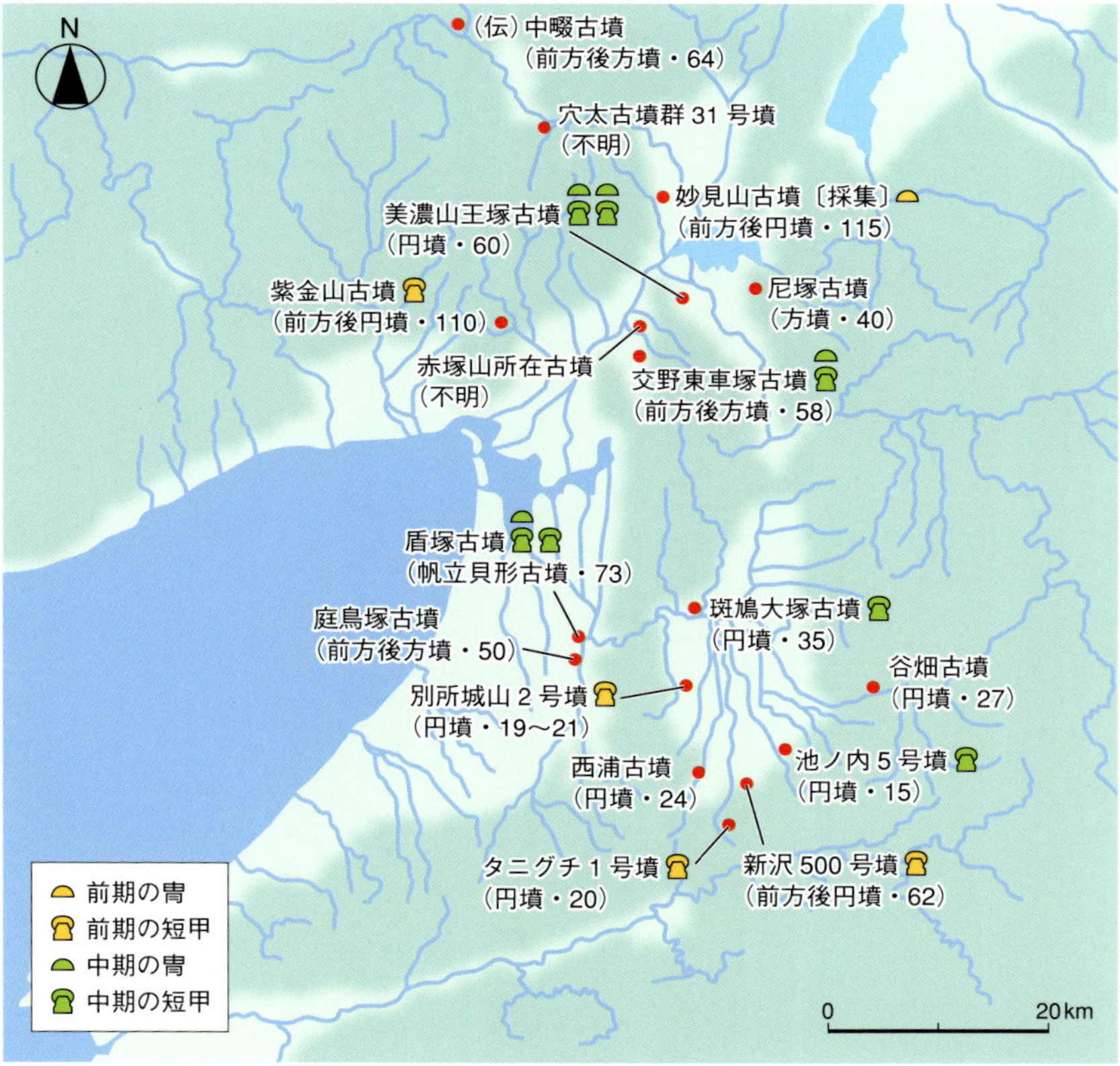

図41 ● 筒形銅器の分布
筒形銅器を副葬する畿内の古墳。中小規模古墳であることがわかる（カッコ内の数値は墳丘長〔m〕）。

筒形銅器の出現が意味すること

筒形銅器の分布の中心がある畿内では、その出土古墳は多くが前期後半に新たに台頭する新興中小規模古墳である（図41）。これらの古墳には、それまでみられなかった刀・剣、ヤリ・鉾、鉄鏃・銅鏃《どうぞく》、なかには方形板革綴短甲《ほうけいいたかわとじたんこう》や小札革綴短甲《こざねかわとじたんこう》といった前期の鉄製短甲までを含む、組成として整った武器をもつという特徴がある。一方、朝鮮半島においても、筒形銅器の集中する大成洞古墳群や福泉洞古墳群では、筒形銅器の出現を境に、甲冑や馬具を中心にした軍事色の強い副葬品構成に転換することが指摘されている。筒形銅器が朝鮮半島製であるという立場からすると、それまで日本列島でみられなかった組成として整った武器をもつ古墳は、朝鮮半島東南部地域の勢力との関係によって出現したことが導き出せる。

佐紀・馬見古墳群の勢力と朝鮮半島東南部地域の勢力

前期後半、大和盆地東南部地域の勢力の影響力が衰えをみせるなか、佐紀古墳群を中心とする大和盆地北部地域の勢力と馬見古墳群を中心とする大和盆地西部地域の勢力がこれにかわって影響力を増し、畿内政権の主導権を掌握する。この動静と軌を一にして出現する、整った武器組成をもつ新興中小規模古墳は、佐紀・馬見古墳群の勢力のもとで台頭したと考えられる。このことは、両古墳群の勢力と朝鮮半島東南部地域の勢力が、軍事を機軸にした新たな関係によって結ばれたことを示している。佐紀・馬見古墳群の勢力のもとに、朝鮮半島にかかわる軍事的な役割を担った新興中小規模勢力が生まれてきたのである。

ところが、前期後半の政権中枢勢力である佐紀・馬見古墳群で出土する武器は、たとえば佐紀古墳群西群のマエ塚古墳にみられるように、剣やヤリといった特定の武器の多量副葬はみられても、筒形銅器をもつ新興中小規模古墳で出土する武器のように組成として整っていない。さらに、既述したように、中期に入った佐紀・馬見両古墳群では、古市・百舌鳥古墳群で大量の甲冑が出土しているにもかかわらず、甲冑自体が出土していないのである。佐紀古墳群東群で、三角板革綴短甲に使用された三角形の鉄板一点が出土しているだけである。

たしかに、古墳時代前期後半の段階で、朝鮮半島東南部地域の勢力と軍事を機軸にした新たな関係を結んだのは佐紀・馬見古墳群の勢力である。しかし、両古墳群の勢力は、朝鮮半島の勢力が求めた大規模な軍事的要請を継続して主導しうる勢力とはなりえなかったのである。

古市・百舌鳥古墳群の勢力の台頭

ここに出現するのが、佐紀・馬見古墳群の勢力にかわって畿内政権の主導権を掌握した古市・百舌鳥古墳群の勢力である。短甲を含む組成として整った武器が、古市古墳群のもっとも早い「大型主墳」である津堂城山古墳から出土する。これにつづき古市古墳群では、本書で紹介した三古墳を含めた中小規模古墳はもちろんのこと、大型前方後円墳の陪塚にいたるまで、副葬品の内容が明らかになっている主要な古墳で、甲冑を含む組成として整った大量の武器が出土するようになる。

百舌鳥古墳群においても、百舌鳥大塚山古墳をはじめ、同様の現象がみられる。勢力全体が武装化した古市・百舌鳥古墳群の勢力が台頭するのである。佐紀・馬見古墳群の勢力のもとにあった新興中小勢力にかわって、古市・百舌鳥古墳群の勢力が朝鮮半島を舞台にした大規模な軍事活動を主導することになる。

盾塚古墳から出土した筒形銅器は、佐紀・馬見古墳群の勢力を介して、古市・百舌鳥古墳群の勢力へ供与されたものと考えている。複数の甲冑とともに大量の武器が出土した盾塚古墳にあって、筒形銅器は朝鮮半島にかかわる軍事活動に関与した被葬者にあいふさわしい副葬品のひとつといえる。筒形銅器自体は、わずか十数センチの青銅器にすぎないが、そこから導き出される情報ははかりしれない。古市・百舌鳥古墳群の勢力が急速に武装化する要因を明らかにする手がかりのひとつとして、盾塚古墳から出土した筒形銅器が有効な資料になった。

2　朝鮮半島での大規模な軍事活動

珠金塚古墳北槨の鋌

筒形銅器から導き出された佐紀・馬見古墳群の勢力と朝鮮半島東南部地域の勢力との軍事を機軸にした新たな関係の成立から、古市・百舌鳥古墳群の勢力によって主導された朝鮮半島への本格的な軍事介入へ移行していく過程を、より詳しく分析することができる手がかりが、やはりこの三古墳のなかに残されていた。珠金塚古墳北槨で出土した鋌である。

末永先生や北野氏の記述によると、珠金塚古墳北槨で出土した鋌一点は、古墳の副葬品としてではなく、木棺材の接合に使用された器具として出土していたようである。整理作業ではその鎹をみいだすことができなかったが、出土したことはほぼ確実と判断された。

従来、日本列島で木棺材などの接合に使用された釘や鎹は、百済系の横穴式石室の導入とともにはじまったとするのが一般的な理解であった。これに対して、高田貫太《たかだかんた》氏が瀬戸内海沿岸地域で朝鮮半島東南部地域から新たに導入された渡来系竪穴式石室に、釘や鎹を使用した木棺が納められている事例が多いこと、さらに亀田修一《かめだしゅういち》氏は高田氏の指摘を踏まえ、釘や鎹が中期に金《キ》海《メ》や釜山、昌寧《チャンニョン》などといった加耶《かや》東南部地域との関わりのなかで受け入れられていたことを明らかにした。

No.	古墳名		墳形	規模(m)	埋葬施設	時期	冑	甲	馬具
1	番塚古墳		前方後円墳	50	横穴式石室	中期後半	—	挂甲	●
2	空長1号墳		円墳	13	竪穴系横口式石室	中期後半	—	—	—
3	池ノ内第1号墳		円墳	8	竪穴式石室	中期後半	—	—	—
4	寺山第3号墳		円墳	7×8	竪穴式石室	中期後半	—	—	—
5	三玉大塚		帆立貝形古墳	41	竪穴式石室	中期後半	—	横矧板鋲留短甲	●
6	東塚古墳	前方部	前方後円墳	45	竪穴式石室	中期後半	—	—	●
7	勝負砂古墳		帆立貝形古墳	43	竪穴式石室	中期後半	—	横矧板鋲留短甲	●
8	天狗山古墳		帆立貝形古墳	57	竪穴式石室	中期後半	—	挂甲	●
9	中山6号墳	第1主体	方墳	13	竪穴式石室	中期後半	—	—	—
		第2主体			竪穴式石室		—	—	—
10	随庵古墳		帆立貝形古墳	約40	竪穴式石室	中期半ば	横矧板鋲留衝角付冑	三角板鋲留短甲	●
11	正崎2号墳	第1主体	円墳	約20×16	木槨?	中期後半	小札鋲留衝角付冑	横矧板鋲留短甲	●
12	宮山古墳	第2主体部	円墳	約30	竪穴式石室	中期半ば	—	挂甲	●
		第3主体部			竪穴式石室	中期半ば	横矧板鋲留衝角付冑	三角板鋲留短甲	●
13	奥山1号墳		長方形墳?	約15×12	周槨	中期後半	—	三角板鋲留短甲	●
14	奥山2号墳		円墳	不明	竪穴式石室	中期後半	—	横矧板鋲留短甲	●
15	亀山古墳		円墳	44~48	石蓋土壙	中期後半	横矧板鋲留眉庇付冑	横矧板鋲留短甲	●
16	カンス塚古墳		帆立貝形古墳	約30	竪穴式石室	中期半ば	—	横矧板鋲留短甲	●
17	池尻2号墳		円墳	不明	竪穴式石室	中期半ば	横矧板鋲留衝角付冑	三角板鋲留短甲	●
18	小野王塚古墳		円墳	約50	竪穴式石室	中期半ば	小札鋲留眉庇付冑	長方板革綴短甲 三角板鋲留短甲	—
19	御獅子塚古墳	第1主体部	前方後円墳	55	粘土槨	中期半ば	小札鋲留眉衝角付冑	三角板鋲留短甲	●
		第2主体部			木棺直葬		小札鋲留眉庇付冑	三角板革綴短甲	—
20	北天平塚古墳	上層埋葬施設	前方後円墳	30~35	粘土槨	中期後半	—	挂甲・短甲	●
21	南天平塚古墳	第1棺	円墳	20	粘土槨	中期後半	—	短甲	●
22	郡・上穂積古墳		不明	不明	木棺直葬	中期後半	鋲留衝角付冑2	鋲留短甲2	不明
23	土保山古墳	第2号棺	不明	不明	粘土槨	中期後半	横矧板鋲留衝角付冑2	—	●
24	藤の森古墳		円墳	22	横穴式石室	中期後半	—	短甲	●
25	珠金塚古墳	北槨	方墳	28	粘土槨	中期半ば	—	三角板鋲留短甲	—
26	高井田山古墳	西棺	円墳	約22	横穴式石室	中期後半	横矧板鋲留衝角付冑	横矧板鋲留短甲	●
27	新沢千塚115号墳		円墳	約18	木棺直葬	中期後半	横矧板鋲留衝角付冑	三角板鋲留短甲	—
28	鶴山古墳		前方後円墳	102	竪穴式石室	中期後半	小札鋲留衝角付冑・ 小札鋲留眉庇付冑	長方板革綴短甲・ 横矧板鋲留短甲2	—

表1 ● 古墳時代中期の鎹が出土する古墳の一覧

また、**表1・図42**に示したように、その分布が朝鮮半島系の資料が多く出土する摂津・河内・大和・播磨・備中に集中する傾向があり、鎹を使用した埋葬施設をもつ古墳の被葬者が、朝鮮半島からの渡来人もしくは渡来系の人びとであり、あるいは朝鮮半島と密接な関係をもった人びとや勢力であったことが導き出されている。とくに、中期半ばを境にして、朝鮮半島からさまざまな器物や技術が大規模にもたらされるようになるが、そのなかにあって、製作が容易で二次的な移動がおこりにくい鎹は、その関係をより鮮明に示している。

一方、鎹は渡来系の埋葬施設ばかりではなく、粘土槨を埋葬施設とする珠金塚古墳北槨、大阪府桜塚《さくらづか》古墳群東群の首長墳である御獅子塚《おししづか》古墳や南天平塚《みなみてんぴんづか》古墳などで、また、竪穴式石室をもつ兵庫県小野王塚《おのおうつか》古墳などのように、前期以来の既存の埋葬施設でも使用されている。これらの古墳は、鎹を使用しなくてもよい埋葬施設でありながら、極端にいうと、あえて鎹を使用する、ないしは使用しなければならなかったような朝鮮半島への強い意識が垣間みられる。

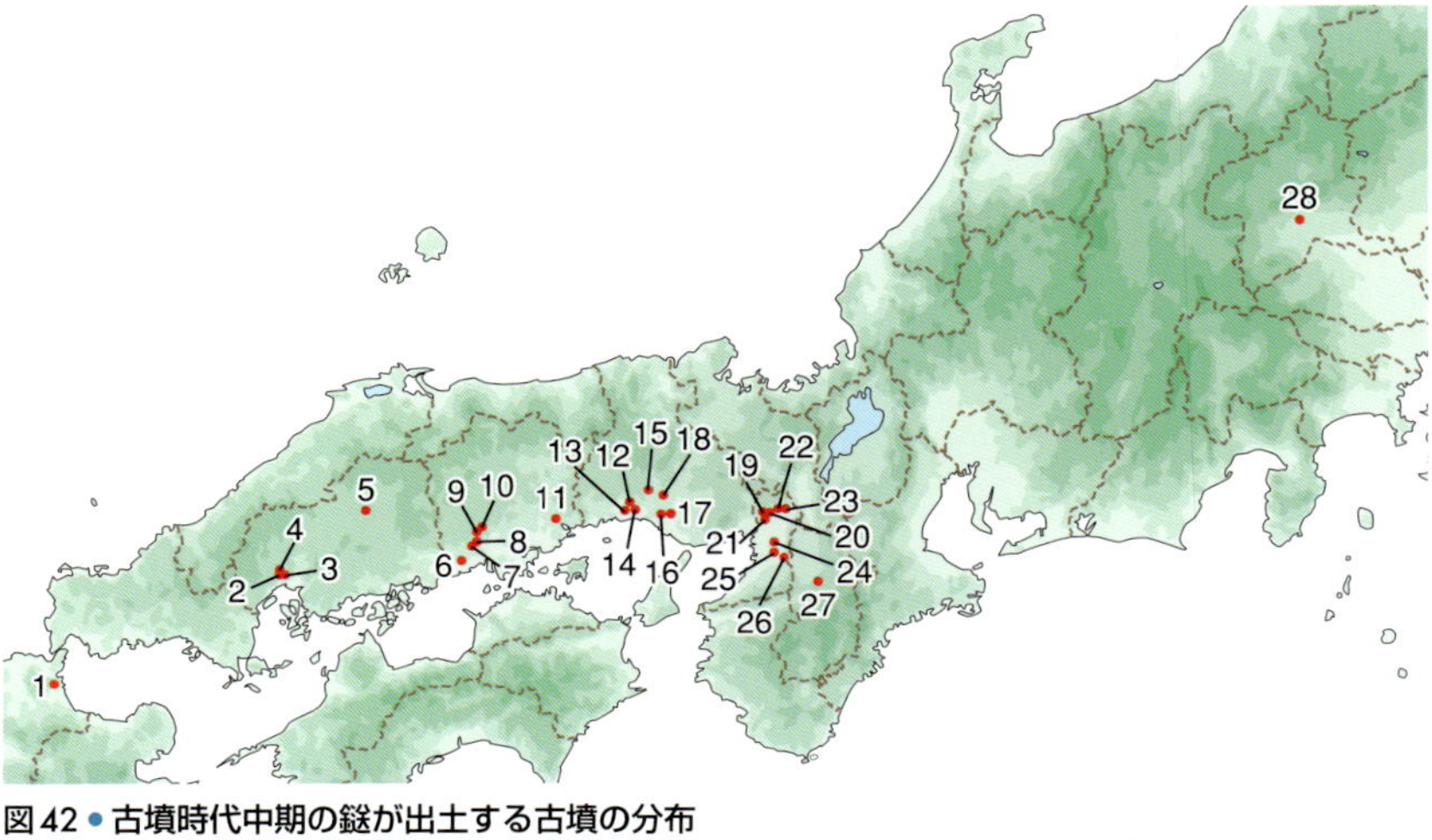

図42 ● 古墳時代中期の鎹が出土する古墳の分布
鎹を使用した埋葬施設は、古墳時代中期半ば、畿内・播磨・備中で出現し、その後広がりをもつようになる（図中の番号は表1と対応）。

鋲使用古墳がもつ強い軍事色

鋲を使用した埋葬施設をもつ古墳をみてみると、その多くが古墳時代中期に新たに台頭する新興中小規模勢力であることがわかる。さらに注目すべき点は、中期に鋲を使用した埋葬施設をもつ古墳、二八古墳三一施設中二三古墳二五施設で甲冑が、同じく一九古墳二〇施設で馬具が出土していることである（**表1**）。甲冑を含む整った武器組成をもち、同時に当時きわめて限られていた馬具をもつという強い軍事色が共通してみられ、これらの被葬者は軍事上重要な役割を担った人びとであったと考えられる。さらに、これらの古墳が含まれる古墳群や地域では、甲冑や馬具を副葬する古墳が継続して築造されているのである。

従来、渡来系の勢力は、殖産的性格をもつ勢力とすることが一般的であった。しかし、このうち少なくとも鋲を使用した朝鮮半島系の埋葬施設をもつ古墳の被葬者や勢力は、殖産的性格をもつ勢力以外に、強い軍事的性格をもつ、ないしは軍事的性格と殖産的性格をあわせもつ勢力であったことが指摘できる。

計画的で、長期間にわたる大規模な軍事活動を、日本列島から遠く離れた朝鮮半島で展開するとなれば、地勢や気候にはじまり、生活習慣や価値観といった形としてあらわれない部分を含め、現地のさまざまな方面に精通した人びとがその組織には不可欠である。鋲を使用した、とくに朝鮮半島系の埋葬施設に葬られた渡来人、または渡来系の勢力が、このような役割を担ったことは十分考えられてよい。

このことは、近年朝鮮半島南部地域を中心に、日本列島で製作されたとする甲冑の出土が相次いでいることからもうかがい知ることができる。また、前期以来の既存の埋葬施設を採用しながら、鋲を使用する珠金塚古墳北槨の被葬者のような人びとにあっても、鋲の存在を介在させることによって、朝鮮半島との関係が導き出される。

むろん、鋲を使用しない朝鮮半島系の埋葬施設をもつ古墳もあり、鋲だけを取り上げた検討には方法上の問題も残る。しかし、古墳時代中期以降に、古市・百舌鳥古墳群の勢力のもとで、朝鮮半島での大規模な軍事活動に直接かかわったと考えられる新興中小勢力の存在を明らかにする手がかりとしてはきわめて有効である。

朝鮮半島との関係を示すさまざまな副葬品が三古墳四施設から出土しているが、珠金塚古墳北槨の埋葬施設に使用された鋲一点というきわめて小さな手がかりからも、古市・百舌鳥古墳群の勢力を実質的に支えた人びとのなかに、朝鮮半島での軍事活動で重要な役割を担ったと考えられる被葬者が含まれていたことを示すことができる。

3　倭の五王と東アジア

高句麗と百済の対峙

中国では二六五年に魏《ぎ》が滅び、これを引き継いだ西晋《せいしん》は二八〇年に呉《ご》を滅ぼし、中国を統一する。ところが二九一年にはじまった八王《はちおう》の乱という内乱によって西晋は急速に衰え、三一六年に滅亡する。華北を中心にした中国北部は、四三九年に北魏《ほくぎ》がこれを統一するまでの約一二〇年間、五胡十六国《ごこじゅうろっこく》が興亡を繰り返す争乱の時代を迎える。これを境に東アジアは大きな変動期に入った。

すでに多くの研究者によって説かれているように、中国北部での社会的混乱は、まず隣接した地域に大きな変化をもたらした。高句麗がその勢力を急速に伸ばし、同様に百済でも国家の形成が進んだことで、両者の間に軍事的対峙が顕在化し、朝鮮半島に高い社会的緊張が生み出された。百済は、高句麗の南下という脅威に備え、自国の背後を固めるために加耶の勢力と結び、さらに日本列島の倭と関係を結ぶことになる。予想にたがわず、三六九年、南下の度を強める高句麗は、百済との間に戦端を開き、中国北部に端を発した社会的混乱は、朝鮮半島全域を長い争乱の時代に巻き込んでいったのである。

朝鮮半島の争乱がもたらした主導権の移動

このような朝鮮半島情勢に連動した現象のひとつが畿内を中心にしてみられる。日本列島に持ち込まれた筒形銅器と、前期の鉄製短甲を含む組成として整った武器もつ新興中小規模古墳の出現である。筒形銅器は、古墳時代前期後半、魏・西晋の崩壊によってその後ろ盾を失った大和盆地東南部地域の勢力にかわって、畿内政権の主導権を握ることになる佐紀・馬見古墳群の勢力と、朝鮮半島東南部地域の勢力との間に軍事を機軸にした新たな関係が成立したことを明らかにする有効な手がかりであった。倭に対する、加耶を介した百済からの軍事的要請が、佐紀・馬見古墳群の勢力の台頭を促したと考えることもできる。

さらに、この間に朝鮮半島情勢が大きく動く。広開土王《クァンゲトワン》碑文に刻まれた、四世紀末以降の高句麗の領土拡張を目ざした大規模な軍事行動である。その内容はどの程度正確に伝えられているか斟酌する術をもたないが、碑文には倭の大規模な軍事活動が具体的に描き出されている。しかし、既述したように、佐紀・馬見古墳群でみられた武器は、朝鮮半島を対象にした計画的で、長期間にわたる大規模な軍事活動を発動することができる内容にはなっていない。

ここで、百済・加耶の軍事的要請に応えることができる体制を整えた古市・百舌鳥古墳群の勢力へ畿内政権の主導権が移動する。朝鮮半島での長期間にわたる大規模な軍事活動の必要性、ないしはその要請に直面したことが、主導権の交替を生み出す大きな要因のひとつになったと考えられる。その交替は、緊迫の度を増す東アジア情勢に連動した動きとして理解されるものである。

大規模な軍事組織の編制

これまでは三古墳が含まれた古市古墳群や畿内の動静を中心に話を進めてきたが、甲冑は全国的な視点でみれば、珠金塚古墳から野中古墳の段階、すなわち古墳時代中期半ばを境にして、西日本を中心に増加する。とくに中期に入って各地で新たに台頭する中小規模古墳での出土例が増え、甲冑の供給が広範な地域を対象に、より広い階層にまでおよぶようになる。また、それらの古墳の多くは既存有力古墳の分布と重複しないことから、古市・百舌鳥古墳群の勢力によって台頭を促された勢力といってもよい。

中期の甲冑に代表される機能、形状が統一された武器の供給は、集合性の高い軍事組織を生み出す大きな原動力になったことであろう。これに加え、甲冑を含む武器に急速な機能更新と生産量の拡大がみられるようになる。当時の社会がそれまでにない大量の武器を必要とした高い緊張状態にあり、日本列島をとりまく状況が重大な局面を迎えていたことがわかる。むろん、各地での甲冑の受容は一律におこなわれたわけではないが、このような統一された武器の一元的な供給は、古市・百舌鳥古墳群の勢力が、それまでにない大規模な軍事組織の編制を必要とする政治的課題に直面していたと考えられる。

これにあわせ、新しい要素が一部の古墳で加わる。既述したように、奈良県後出古墳群などでみられた、遠距離の移動や長期間の駐留をともなう軍事活動に対応できる、農工具を組み込んだ武器組成をもつ古墳の出現である。さらに鋋を手がかりにして導き出した、朝鮮半島の事情に精通した渡来人ないしは渡来系の勢力を加えた軍事組織がきわめて有機的に結ばれてくる。このような一連の現象は、混迷をきわめた朝鮮半島情勢に対応していくために、古市・百舌鳥古墳群の勢力による軍事政権化が急速かつ強力に推し進められたことを示している。

倭の五王を支えた軍事エリートたち

讃《さん》・珍《ちん》・済《せい》・興《こう》・武《ぶ》という五人の倭王が、中国南朝に対して官号・爵位の自称と除正《じょせい》を求めたことはよく知られている。また、そのなかには、朝鮮半島の国名が入った使持節《しじせつ》・都督諸軍《ととくしょぐん》事号《じごう》が含まれている。本書では、この内容に立ち入る力はないが、その根拠は、古市・百舌鳥古墳群の勢力のもとで本格化する、朝鮮半島を舞台に展開された長期間にわたる大規模な軍事活動にあったと考えられる。ここに、両古墳群の勢力内およびその影響下にあった畿内や西日本を中心とした新興勢力内に、朝鮮半島を対象とした軍事活動を実質的に担った人びとによって、軍事エリートという新たな階層が形成された。

しかし、当初盾塚古墳のような「中型主墳」の被葬者となりえた人びとが、珠金塚古墳のような「小型主墳」の被葬者へと変化していくように、葬られた古墳は中期半ばから規模の縮小がみられるようになり、帆立貝形古墳から方墳と変化する一方で、それまで以上の武器を副葬するようになる。軍事活動の恒常化によって、軍事エリートから軍事構成員へとその地位を低下させながら、一方で政権中枢への帰属を強めていったことが考えられる。このことは、誉田御廟山古墳を境にした、「中型主墳」の急激な規模の縮小、「大型主墳」の被葬者の膝下に組み込まれた「小型主墳」や「陪塚」の増加という、「大型主墳」の被葬者への権力集中の過程にみられる現象である。

古墳時代中期は、畿内政権を主導した古市・百舌鳥古墳群の勢力が軍事を機軸にした東アジア外交を展開した時代であり、これに対応できる組織やシステムを導入し、さらにこれを可能にする、また維持することができる大規模な生産や交通体系の整備が急速に推し進められた時代でもあった。新たに台頭した軍事エリートたちを自らの膝下に軍事構成員として組み込んでいった倭の五王こそが、これを強力に牽引した当事者たちであり、古市・百舌鳥古墳群の大型前方後円墳の被葬者となりえた大王たちであったのであろう。

参考文献

天野末喜　二〇〇八「都市化以前の古市・百舌鳥古墳群及び周辺の古墳群（1）古市古墳群」『近畿地方における大型古墳群の基礎的研究』

一瀬和夫　二〇〇〇「応神陵古墳外堤の埴輪」『埴輪論叢』第二号

一瀬和夫　二〇一四「百舌鳥・古市古墳群における大王墓とその周辺」『前方後円墳と東西出雲の成立に関する研究』島根県古代文化センター研究論集第一四集

上野祥史　二〇一三「帯金式甲冑と鏡の副葬」『国立歴史民俗博物館研究報告』第一七三集

勝部明生　一九九一「盾と古墳の被葬者」『有坂隆道先生古稀記念　日本文化論集』

亀田修一　二〇〇四「日本の初期の釘・鎹が語るもの」『文化の多様性と比較考古学』考古学研究会

川西宏幸　一九八八『古墳時代政治史序説』塙書房

北野耕平　一九六九「五世紀における甲冑出土古墳の諸問題」『考古学雑誌』第五四巻第四号

北野耕平　一九六四『河内における古墳の調査』大阪大学文学部国史研究室

北野耕平　一九七六『河内野中古墳の研究』大阪大学文学部国史研究室

小浜成他　一九九六『土師の里遺跡他発掘調査概要Ⅳ　盾塚・鞍塚古墳の調査』大阪府教育委員会

小林謙一　一九七四「甲冑製作技術の変遷と工人の系統」『考古学研究』第二〇巻第四号・第二一巻第二号

阪口英毅　一九九八「長方板革綴短甲と三角板革綴短甲」『史林』第八一巻第五号

白石太一郎　二〇〇〇『古墳と古墳群の研究』塙書房

末永雅雄　一九八六『常歩無限―関西大学考古学廿年の歩み―』関西大学教育後援会

末永雅雄編　一九九一『盾塚　鞍塚　珠金塚古墳』由良大和古代文化研究協会

鈴木一有　二〇一四「朝鮮半島出土の倭系武装にみる日韓交渉」『武具と武器と農工具・漁具』「日韓交渉の考古学―古墳時代―」研究会

関川尚功　一九八七「畿内中期古墳出土の鉄製農工具について」『横田健一先生古稀記念　文化史論叢』上　横田健一先生古稀記念会

高田貫太　一九九九「瀬戸内における渡来文化の受容と展開」『第四六回埋蔵文化財研究集会　渡来文化の受容と展開』埋蔵文化財研究会

田中晋作　二〇〇一『百舌鳥・古市古墳群の研究』学生社

田中晋作　二〇〇九『筒形銅器と政権交替』学生社

田中晋作　二〇一三「古墳時代中期の鎹出土古墳について」『日本考古学協会第七九回総会研究発表要旨』日本考古学協会

都出比呂志　一九八九『日本農耕社会の成立過程』岩波書店

野上丈助　一九六八「古墳時代における甲冑の変遷とその技術史的意義」『考古学研究』第一四巻第四号

橋本達也　一九九九「盾の系譜」『国家形成期の考古学―大阪大学考古学研究室一〇周年記念論集―』大阪大学考古学研究室

林正憲　二〇〇二「古墳時代前期倭鏡における二つの鏡群」『考古学研究』第四九巻第二号

福永伸哉　二〇〇五『三角縁神獣鏡の研究』大阪大学出版会

藤田和尊　二〇〇六『古墳時代の王権と軍事』学生社

古谷毅　一九八八「京都府久津川車塚古墳出土の甲冑―いわゆる〝一枚錣〟の提起する問題―」『MUSEUM』四四五号

水野敏典　二〇〇七「古墳時代鉄鏃研究の諸問題―東アジアの中の鉄鏃様式の展開―」『古代武器研究』vol.8

山尾幸久　一九八九『古代の日朝関係』塙書房

盾塚古墳公園

・大阪府藤井寺市道明寺6丁目
・交通　近鉄南大阪線土師ノ里駅から徒歩10分

古市古墳群は、近鉄藤井寺駅・土師ノ里駅・古市駅にかけての藤井寺・羽曳野市域に広がり、両市が散策ガイドパンフレットなどを出している。盾塚古墳の所在地は調査で得た墳形プランにもとづいて盛土整備され、古墳の形態がわかる公園になっている。

盾塚古墳公園

羽曳野市文化財展示室

・大阪府羽曳野市白鳥3―1―4―7（羽曳野市役所南側）
・開館時間　10：00～16：00
・休館日　土日祝日、年末年始（12月29日～1月5日）
・入館料　無料
・交通　近鉄南大阪線古市駅から徒歩10分

古市古墳群から出土した埴輪をはじめ市内各所から発見された遺物を展示。

アイセルシュラホール

・大阪府藤井寺市藤井寺3―1―20
・電話　072（952）7800
・開館時間　9：30～17：15
・休館日　月曜（祝日の場合は翌日）、年末年始（12月29日～1月5日）
・入館料　無料
・交通　近鉄南大阪線藤井寺駅から徒歩10分

二階「歴史展示ゾーン」で、津堂城山古墳出土の水鳥形埴輪、西墓山古墳の鉄器埋納土壙などを展示。

大阪府立 近つ飛鳥博物館

・南河内郡河南町大字東山299
・電話　0721（93）8321
・開館時間　9：45～17：00（入館は16：30まで）
・休館日　月曜（祝日の場合は翌日）、年末年始
・入館料　大人300円、高校・大学生200円、中学生以下無料
・交通　近鉄長野線喜志・富田林駅より金剛バスにて「阪南ネオポリスバス」下車、徒歩8分

常設展示で古市古墳群から出土した武具などの副葬品と埴輪を展示。

関西大学博物館

・大阪府吹田市山手町3―3―35
・電話　06（6368）1171
・開館時間　10：00～16：00（入館は15：30まで）
・休館日　日曜・祝日・夏冬季休業日
・入館料　無料
・交通　阪急関大前駅から徒歩20分

末永雅雄氏復元の鉄製甲冑を展示。

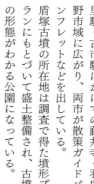

遺跡には感動がある

――シリーズ「遺跡を学ぶ」刊行にあたって――

「遺跡には感動がある」。これが本企画のキーワードです。

あらためていうまでもなく、専門の研究者にとっては遺跡の発掘こそ考古学の基礎をなす基本的な手段です。また、はじめて考古学を学ぶ若い学生や一般の人びとにとって「遺跡は教室」です。

日本考古学では、もうかなり長期間にわたって、発掘・発見ブームが続いています。そして、毎年厖大な数の発掘調査報告書が、主として開発のための事前発掘を担当する埋蔵文化財行政機関や地方自治体などによって刊行されています。そこには専門研究者でさえ完全には把握できないほどの情報や記録が満ちあふれています。しかし、その遺跡の発掘によってどんな学問的成果が得られたのか、その遺跡やそこから出た文化財が古い時代の歴史を知るためにいかなる意義をもつのかなどといった点を、莫大な記述・記録の中から読みとることははなはだ困難です。ましてや、考古学に関心をもつ一般の社会人にとっては、刊行部数が少なく、数があっても高価なその報告書を手にすることすら、ほとんど困難といってよい状況です。

いま日本考古学は過多ともいえる資料と情報量の中で、考古学とはどんな学問か、また遺跡の発掘から何を求め、何を明らかにすべきかといった「哲学」と「指針」が必要な時期にいたっていると認識します。

本企画は「遺跡には感動がある」をキーワードとして、発掘の原点から考古学の本質を問い続ける試みとして、日本考古学が存続する限り、永く継続すべき企画と決意しています。いまや、考古学にすべての人びとの感動を引きつけることが、日本考古学の存立基盤を固めるために、欠かせない努力目標の一つです。必ずや研究者のみならず、多くの市民の共感をいただけるものと信じて疑いません。

二〇〇四年一月

戸沢充則

著者紹介

田中晋作（たなか・しんさく）

1955年大阪府生まれ。

関西大学大学院文学研究科博士課程修了。博士（文学）。

現在、山口大学人文学部教授。

主な著作 『百舌鳥・古市古墳群の研究』学生社、『筒形銅器と政権交替』学生社、（共著）『倭王の軍団』新泉社ほか

○第２章第５節
小浜 成（こはま・せい）大阪府教育委員会事務局文化財保護課調査管理グループ総括主査
○コラム
藤井陽輔（ふじい・ようすけ）関西大学大学院博士課程後期課程

写真提供（所蔵）
羽曳野市教育委員会：図1／関西大学考古学研究室：図5・8・9・10・12・16・18・26・27・28・35・36・37・コラム3図1・2／関西大学博物館：図14・コラム3図3／大阪府教育委員会：図19・20・21・23・24／大阪大学文学研究科考古学研究室：図25／奈良県立橿原考古学研究所附属博物館：図38／堺市博物館：図39／池田市立歴史民俗資料館：図40（左）
図版出典（一部改変）
図2：一瀬和夫2014／図7：大阪府立近つ飛鳥博物館2009『百舌鳥・古市大古墳群展』／図11・15・17・31・34・コラム1図2・コラム2図1：末永雅雄編1991／図13：古谷毅1996「古墳時代甲冑研究の方法と課題」『考古学雑誌』第81巻第4号／図22・23：大阪府教育委員会1996『土師の里遺跡他発掘調査概要Ⅳ』／図29：田中晋作2003「鉄製甲冑の変遷」『考古資料大観』／図30：藤田和尊2015「戦訓と中期型甲冑」『河上邦彦先生古稀記念献呈論文集』／図34（アリ山古墳鎌）北野耕平1964／図34（野中古墳鍬鋤先・鎌）北野耕平1976／図40（右）：森下章司

上記以外は著者

シリーズ「遺跡を学ぶ」105
古市《ふるいち》古墳群の解明へ　盾塚《たてづか》・鞍塚《くらづか》・珠金塚《しゅきんづか》古墳

2016年 2月 1日　第1版第1刷発行

著　者＝田中晋作
発行者＝株式会社 新 泉 社
東京都文京区本郷2－5－12
TEL 03（3815）1662／FAX 03（3815）1422
印刷／三秀舎　製本／榎本製本

ISBN978－4－7877－1535－7　C1021

シリーズ「遺跡を学ぶ」

第1ステージ（各1500円＋税）

03 古墳時代の地域社会復元　三ツ寺Ⅰ遺跡　若狭　徹
08 未盗掘石室の発見　雪野山古墳　佐々木憲一
10 描かれた黄泉の世界　王塚古墳　柳沢一男
16 鉄剣銘一一五文字の謎に迫る　埼玉古墳群　高橋一夫
18 土器製塩の島　喜兵衛島製塩遺跡と古墳　近藤義郎
22 筑紫政権からヤマト政権へ　豊前石塚山古墳　長嶺正秀
26 大和葛城の大古墳群　馬見古墳群　河上邦彦
28 泉北丘陵に広がる須恵器窯　陶邑遺跡群　中村　浩
32 斑鳩に眠る二人の貴公子　藤ノ木古墳　前園実知雄
35 最初の巨大古墳　箸墓古墳　清水眞一
42 地域考古学の原点　月の輪古墳　近藤義郎・中村常定
49 ヤマトの王墓　桜井茶臼山古墳・メスリ山古墳　千賀　久
51 邪馬台国の候補地　纒向遺跡　石野博信
55 古墳時代のシンボル　仁徳陵古墳　一瀬和夫
63 東国大豪族の威勢　大室古墳群〔群馬〕　前原　豊
73 東日本最大級の埴輪工房　生出塚埴輪窯　高田大輔
77 よみがえる大王墓　今城塚古墳　森田克行
81 前期古墳解明への道標　紫金山古墳　阪口英毅
84 斉明天皇の石湯行宮か　久米官衙遺跡群　橋本雄一
85 奇偉荘厳の白鳳寺院　山田寺　箱崎和久
93 ヤマト政権の一大勢力　佐紀古墳群　今尾文昭
94 筑紫君磐井と「磐井の乱」　岩戸山古墳　柳沢一男
別04 ビジュアル版古墳時代ガイドブック　若狭　徹

第2ステージ（各1600円＋税）

103 黄泉の国の光景　葉佐池古墳　栗田茂敏